［英］温斯顿·丘吉尔—著　　李国庆等—译

CHURCHILL'S MEMOIRS OF WORLD WAR II

丘吉尔二战回忆录

形 势 逆 转

SPM 南方传媒　广东人民出版社

· 广州 ·

图书在版编目（CIP）数据

形势逆转 /（英）温斯顿·丘吉尔著 ; 李国庆等译.
广州 : 广东人民出版社 , 2024.8. --（丘吉尔二战回忆
录）. -- ISBN 978-7-218-17977-3

Ⅰ. K835.617=5 ; K152

中国国家版本馆 CIP 数据核字第 2024EP5825 号

QIUJI'ER ERZHAN HUIYILU · XINGSHI NIZHUAN

丘吉尔二战回忆录·形势逆转

[英] 温斯顿·丘吉尔 著　李国庆等 译　　📖　版权所有　翻印必究

出 版 人：肖风华

责任编辑：范先鋆　唐　芸
责任技编：吴彦斌
封面设计：贾　莹

出版发行：广东人民出版社
地　　址：广州市越秀区大沙头四马路 10 号（邮政编码：510199）
电　　话：（020）85716809（总编室）
传　　真：（020）83289585
网　　址：http://www.gdpph.com
印　　刷：三河市人民印务有限公司
开　　本：787 毫米 × 1092 毫米　1/16
印　　张：11　字　　数：162 千
版　　次：2024 年 8 月第 1 版
印　　次：2024 年 8 月第 1 次印刷
定　　价：58.00 元

如发现印装质量问题，影响阅读，请与出版社（020-87712513）联系调换。
售书热线：（020）87717307

《丘吉尔二战回忆录》 译者

（排名不分先后）

李国庆	张　跃	栾伟霞	曾钰婷	刘锡赟	张　妮
李楠楠	汤雪梅	赵荣琛	宋燕青	赖宝滢	张建秀
夏伟凡	王　婷	江　霞	王秋瑶	郑丹铭	姜嘉颖
郭燕青	胡京华	梁　楹	刘婷玉	邓辉敏	李丽枚
郭轶凡	郭伊芸	韩　意	李丹丹	晋丹星	周园园
王璠珽					

战争时： 意志坚定
战败时： 顽强不屈
胜利时： 宽容敦厚
和平时： 友好亲善

致　谢

　　我必须再次向协助我完成前几卷的各位致以友好的谢意；他们是陆军中将亨利·波纳尔爵士、艾伦海军准将、迪金上校、爱德华·马什爵士、丹尼斯·凯利先生和伍德先生。我也再次向审阅过原稿并提出宝贵意见的其他人士表达最诚挚的谢意。

　　伊斯梅勋爵和其他朋友也不断给予我帮助。特此致谢！

　　撰写本卷①所需的某些官方文件王家版权归英王陛下政府文书局局长所有，承蒙英王陛下政府准许，这些官方文件的文本才得以复制，特此致谢。遵照英王陛下政府的要求，为了保密起见，本卷中所刊载的某些电文有所改动。但是这些改动并未改变原有内容。

　　美国海军预备队塞缪尔·埃利奥特·莫里森上校所著关于海军战斗的一些书生动展现了美国舰队的作战行动，我在此也要向他表示谢意。

　　罗斯福财物保管理事会允许在本卷中引用总统的一些电文，还有其他好友同意发表其私人信件，均一并致谢。

---

　　①　原卷名为"命运的转折"，现分为《陈兵太平洋》《进犯南亚》《攻守易形》《营救非洲》《非洲的胜利》《形势逆转》六册。——编者注

前　言

　　就我亲眼所见，在"铁血风暴""最光辉的时刻"和"伟大的同盟"各卷①中我曾讲述过引发第二次世界大战的几个重大事件：纳粹德国征服欧洲，德国进攻苏联、日本对美国发动猛攻后才使得苏联和美国成为我们的盟国，我军才不再孤军奋战。

　　岁末年初之时于华盛顿，我和罗斯福总统在海陆军顾问的支持下宣布建立伟大同盟，并为未来作战制定主要策略。现在我们必须应对日本的进犯。

　　这就是1942年1月17日，我刚刚抵达普利茅斯的情况，本卷（《陈兵太平洋》《进犯南亚》《攻守易形》《营救非洲》《非洲的胜利》《形势逆转》）所要讲述的内容也由此开始。本书依然从英国首相的立场出发，同时因我兼任国防大臣而在军事上负有特殊使命。另外，我仍然倚重一系列的指令、电报和备忘录，这些材料在成文的时刻具有重大意义和利害关系。我也想不出更好的言辞去重述。这些原始文件都是在紧急事件发生时由我口授的，既出自于我手，我希望大家可以通过这些真实材料来评断我的功过。事后诸葛亮很容易，但我还是希望历史学家能深思熟虑，在适当的时候给出一个评价。

　　我之所以把这一卷称为"命运的转折"，是因为在这一时期我们从接连战败变得战无不胜。在前六个月中，诸事不顺；但在后六个月中，一切顺利。而且，这一可喜的转变一直持续到了战争结束。

温斯顿·丘吉尔

于肯特郡，韦斯特勒姆，恰特韦尔庄园

1950年1月1日

---

　　①　现分为十四册。——编者注

目录
CONTENTS

第一章　阿达纳与的黎波里 ／ 001

第二章　回国后的困境 ／ 025

第三章　苏联与西方盟国 ／ 049

第四章　于突尼斯大获全胜 ／ 071

第五章　第三次访问华盛顿 ／ 089

第六章　战争与和平的种种难题 ／ 109

第七章　向意大利进军 ／ 121

附录（1）／ 140

附录（2）／ 161

附录（3）／ 165

第一章

ONE

阿达纳与的黎波里

争取土耳其参战的必要性——我希望能与土耳其总统会晤——内阁的反对意见——飞越阿特拉斯山——土耳其政府赞成举行会议——一封联合书——在伊诺努总统专车上举行的会议——《晨思》——土耳其对苏联的疑虑——苏军在斯大林格勒告捷——失去的机会

由于盟军占领了非洲西北部，地中海地区的战局因此发生了改变。另外，我方在地中海南岸已经建立了稳固的基地，使得我们向敌人发起进攻有了可能。长期以来，我和罗斯福总统一直寻求开辟一条通往苏联的新路线，并袭击德国的南部侧翼。而土耳其是所有这些计划的关键。几个月以来，我们的目标就是争取土耳其加入我方阵营，对德作战。目前，此事有了新的希望，同时也变得更为迫切了。

阿拉曼战役与"火炬"作战行动胜负一经揭晓，11 月 18 日，我便就此事向英国参谋长委员会递交了一份备忘录。如今，我们已在埃及和中东拥有大批驻军，而这些军队会一直驻守在那里。但随着形势的好转，他们应当发挥积极作用。以下是备忘录的主要内容：

　　我们必须坚持不懈地争取土耳其来年春季参战。我们要预计到，我们的海军、船舶和登陆艇等都将在地中海中心地带作战，而在地中海东岸地区，我们仅有少部分两栖部队可用。但是，只要能利用铁路，经由叙利亚，同时通过沿海的航路抵达土耳其，再加上逐步建立起来的空中保护力量，不仅安塔利亚，就连达达尼尔海峡都可开放，以便向土耳其运送补给。军队可从叙利亚出发，通过铁路与公路抵达土耳其。

我希望能将我的观点记录在案，即若采取适当措施，土耳其可能会同意与我方并肩作战。土耳其是我们的盟国。想必它会愿意作为战胜国出席未来的和平会议。土耳其也强烈希望能配备精良武器。土耳其军队纪律严明，只不过缺少现代化的专业武器，而保加利亚则因为德国的帮助，在武器方面占据着极大的优势。土耳其军队处于动员状态已有将近三年之久，是具有战斗力的。但迄今为止，土耳其畏首畏尾，一直不敢履行其职责。因为没有能力相助，所以对于土耳其的这种政策，我们采取宽容态度。可现在战况已经发生了转变。由于隆美尔所率领的军队已被消灭，所以我们目前在埃及和昔兰尼加有大量兵力可用。由于苏联加强了抵抗，他们还可能在高加索对敌军展开反攻，所以我们将尽力促使苏联发动此次反攻，如此一来，不仅我在波斯所面临的压力将大为减轻，我们的第十集团军也可能会回撤。第九集团军还驻扎在叙利亚。如果苏联可以驻守在高加索山脉以北的地区，并且把握住里海的控制权，那么我们就能从上述地区抽出兵力，建立一支强大的英国陆空力量支援土耳其。预计在 4 月份和 5 月份开始这一行动。请提出你们的建议。

　　以下是政治和军事方面的部署程序：

　　1. 苏、美、英三国应向土耳其保证其领土的完整性以及当前所拥有的地位。苏联人已对此表示赞同。此外，美国也已表示同意，这就会令土耳其更加放心。接下来就应派遣一支强大的英美军事代表团前往土耳其。

　　2. 从现在起，整个冬季我们必须从埃及和美国运送坦克、反坦克炮和高射炮给土耳其，将土耳其的军队武装起来，还必须积极着手建设机场。我们在土耳其建设机场已有两年之久。迄今为止取得了哪些进展？如今隆美尔的军队已经溃败，那么埃及的物资明显过剩。我们在中东地区有超过两千五百辆坦克可供军队使用，还缴获了许多德国和意大利的物

资，包括反坦克炮和高射炮。我们需要派遣专家协助土耳其人学习如何使用和维护这些武器。我们还必须将武器和装备源源不断地运往土耳其。我们已经承诺过提供一批武器和装备给他们，但是，一旦土耳其秘密同意上述计划，我们就必须立即给土耳其运送数量更为庞大的武器和装备。从叙利亚到博斯普鲁斯海峡和达达尼尔海峡①的铁路运输能力如何？在土耳其加入我方阵营以前，如果我们贸然进攻东地中海地区敌军占领的罗得岛和其他岛屿，那将是严重的失策。因为土耳其加入我方阵营后，我们便可派遣以海岸为基地的强大空军支援所有进攻行动。而现在，我们就只能一边通过海陆两路悄悄绕过这片海岸，一边壮大我们的空军。

3. 结合上述两点，我们应当敦促苏联增强他们南部侧翼的力量，肃清高加索地区的敌军势力，重新夺回诺沃罗西斯克。斯大林主席还向我解释，最重要的是，要尽早从斯大林格勒北部地区向西南方顿河上的罗斯托夫重新发起进攻。若这些行动进展顺利，那最终的结果便是在空军严密保护下，通过达达尼尔海峡将给养运送至苏联在黑海的各港口，也可将苏联在黑海可能需要的海军援助运往此地……

上述文件仅记录了我的初步想法。11 月 24 日，我告诉了斯大林我的想法。

我已将关于土耳其的一些初步设想与总统交流过意见，我发现总统本人的见解与我的十分相似。我认为，我们同盟国应当做出进一步的努力，令土耳其加入我方阵营，与我们并肩作战。为此，第一，我希望美国也能加入保证土耳其领土完整及其目前所拥有地位的英苏保证条款。第二，我们已

---

① 均为土耳其海峡的一部分。——译者注

经开始从中东向土耳其运送军火，这批军火的数量相当可观，其中包括二百辆坦克……第三，我希望到明年初春，我们能在叙利亚集结大批军队……以便在土耳其受到威胁或是愿意加入我们时，援助土耳其。很明显，你们在高加索或是其北部地区所采取的行动也将产生巨大影响。如果土耳其加入我方阵营，我们不但能打通前往你们在黑海的左翼部队的航线，执行已拟定好的作战计划，而且还能从土耳其基地对罗马尼亚油田进行猛烈轰炸。考虑到你们已经守住了高加索的主要产油区，那么轰炸罗马尼亚油田对轴心国来说将是致命的打击。

11 月 28 日，斯大林回复道，他完全同意罗斯福总统和我在土耳其问题上的看法。"春季时，如果能令土耳其与我方并肩作战，那么我们做任何事情都是值得的。此举对于加速击溃希特勒及其帮凶极为重要。"

*　　　*　　　*

在卡萨布兰卡会议召开之前，这个问题一直被搁置。这个问题也成了我们讨论的重点之一。我们就争取土耳其参战一事达成了协议，并将其记录在联合报告和附录当中。现在，我希望能在土耳其国内与伊诺努总统单独会面来解决这一问题。在开罗还有许多事情未办妥，此外，若的黎波里已被攻克，我希望能在回国途中顺便去探望驻扎在的黎波里的第八集团军，并顺便访问阿尔及尔。尽管有许多事情我可以立即做出决定，但是还有更多事情需要我亲自过目后方能决定。因此，1943 年 1 月 20 日，我在卡萨布兰卡向副首相和外交大臣发送了一封电报，内容如下：

事先进行了一番研究之后，我向总统提出了土耳其问题。

我们商定，在土耳其的问题上，军火和外交事宜均由我们负责，而法属北非的事宜则交由美国处理。想必你们会对这样的安排感到满意……一旦总统离开此地，且天气适宜的话，我就从马拉喀什启程飞往开罗，我计划在当地逗留两三日，处理一些重要事宜……这难道不是与土耳其人直接交流的良机吗？……若你们二人都认为可行，应当立即让外交大臣向土耳其方面提议相关事宜。

第二天我便收到了复电，电报中称，艾德礼先生和艾登先生已与战时内阁商议过此事，商议的结果是，他们力劝我直接返回伦敦，向议会汇报我与总统会晤的情况。我的同僚们之所以反对我前往开罗，是因为他们认为此行会给我的安全增加不必要的风险。而对于我出访土耳其的提议，他们的反对之意更为强烈。因为他们认为与土耳其方面接洽的时机尚未成熟，如果我固执己见的话，那么我只会落得"被土耳其断然拒绝访问，或是洽谈彻底失败"的下场。

这些理由丝毫未能令我信服。

首相致外交大臣：

关于土耳其一事，我深感遗憾。我觉得我们将要失去这样一个千载难逢的好机会。我本意并非要求土耳其做出任何保证，而只是想向他们解释，我们目前可以提供帮助令他们的国家处于安全地位。方法有三：其一，向他们做出承诺；其二，向他们提供大量军火；其三，一旦他们遭受袭击，我们就派遣高射炮部队、飞机、反坦克武器、雷达等前往支援。如果土耳其畏于参战，我也绝不会有挫败感。

1943 年 1 月 21 日

艾登先生私下给我发了一封电报，他在电报中说，他认为战时内阁给出的理由确实合情合理，而我认为的那些重要结果也可以通过其

他方式达成。根据这两封从伦敦发来的电报，我与总统就这一问题进行了探讨。因此，1月24日，我再度致电伦敦，电文如下：

首相致副首相及外交大臣：

我必须郑重请求战时内阁对此事重新考虑，并尽快将他们的决定告诉我。我现在希望，也是在请求，以我的名义，将以下电报发送给伊诺努总统或是土耳其总理，至于发送给哪一位更为合适，则由你们决定：

"与美国总统在北非会晤之后，我会前往开罗作短暂访问。我负责代表英国和美国就土耳其军队的最新武器装备情况（现在已经有相当数量的武器装备），以及土耳其整体防务安全的一般性问题发言。所以我希望能与土耳其总理进行秘密会晤，若有必要，我还可以设法安排帝国总参谋长与查克麦克元帅或土耳其其他高级将领会晤。塞浦路斯是一个十分安全可靠的会晤地点，我们可以在该地就总体局势进行友好会谈。如果你们同意，我将欣然前往。"

根据这些方针所采取的行动，罗斯福总统十分重视，若我的同僚们愿意发送上述电报，罗斯福总统本人也将向伊诺努总统发出以下电报：

"伊诺努总统：英国首相丘吉尔与我进行磋商后，即将前往开罗。他很希望能与您或贵国总理在某个方便的秘密地方面谈。若丘吉尔首相当真希望进行会晤，我衷心希望您或贵国总理能够前去与他会面。罗斯福。"

即使土耳其人拒绝与我会谈，那也无关紧要。我在这些事情上并不会计较面子问题。攻占的黎波里，苏联取得节节胜利以及由我代表盟国两大巨头发言等事件，使得现在的形势对我们十分有利。恳求诸位切勿错失良机。

经过周密勘察和研究，我们得出的结论是，从马拉喀什到开罗的这段航程没有任何危险。这条航线不经过任何敌军

领空，也不靠近任何战斗前线。空军参谋长和飞行员均认为此段航程相当安全，也没有什么难度。无论如何，帝国总参谋长和我均需前往该地，以便同威尔逊探讨他刚接手的新战区问题以及第十集团军的部署问题等，因为我们即将抽调第十集团军的大批士兵向西西里进军。

我深信，只要是对人民利益有利的事情，你们二位和我的同僚们必定会给予我自主行动的权力。

1943 年 1 月 24 日

战时内阁还重申了他们反对我与土耳其首脑会晤的理由。他们赞成继续进行参谋人员会谈，并认为在没有事先准备好的情况下，尤其是一旦达成协议而需要运送物资时，船只运输和通讯方面却尚未做好准备，此时与土耳其最高领导层会晤还为时过早。我躺在泰勒别墅舒适的大床上眺望阿特拉斯山时，内阁的阻挠让我感到十分恼怒，而山的另一边就是机场，"突击队员"号飞机就停在那里静静地等着我，我多么渴望能够跳上飞机飞往开罗。

此外，我坚信我的观点是正确的，而且在这件事上，罗斯福总统的看法也和我完全一致。因此，在 1 月 25 日，我再次进行回复，内容如下：

首相致副首相及战时内阁：

1. 你们给出的理由根本不能让我和罗斯福总统信服。我们从未想过在不考虑形势和条件的情况下说服土耳其参战。若要说服土耳其参战，必须提前创造和准备好这些形势和条件。首先，土耳其军队必须装备精良。其次，对意大利发动进攻以及苏联军队的向前推进所形成的大好局势，必然首先对土耳其的安全产生重大影响。然而，在我看来，如果创造好适当的条件后，还有人质疑土耳其与我方并肩作战所带来的益处，那可真是件怪事儿了。没有人提议敦促土耳其人跨

出他们的国界线，只是让我们占用他们的飞机场罢了，仅仅是使用这些机场就能让我们击垮普洛耶什蒂油田，参谋长委员会认为这将产生深远影响。除此之外，四到五个月后，刚好是我们决心要进行大规模作战之时，如果土耳其加入同盟国，毫无疑问，这将增加我们对抗敌军的筹码。我丝毫不怀疑联合参谋长委员会也将持相同观点，但是遗憾的是，他们现在并不在一处。我只能说，帝国总参谋长和罗斯福总统及其顾问们对此都持相同看法。

2. 我恳求你们将那封尚处于考虑之中的电报发送出去。我确信，如果真如你们所说，得到的答复是"拒绝"（我对此表示怀疑），那么后果也不会太严重，总统与我所持观点一致。如果恰恰相反，土耳其方面同意的话，他们也不会让这次与战胜国的会晤以失败告终，因为这不符合他们的利益。若他们在军火方面向我和总统提出一些过分的要求，我自然会先向你们汇报，之后再决定是否答应这些要求。

3. 因此，我希望你们将我那封电报发送出去。总统将于几小时之后（周一早晨）启程，他已经授权于我，你们做出决定后，立即将他那封电报发送出去。

1943 年 1 月 25 日

如此一来，内阁就非要做出决定不可了。同日下午，我便收到了战时内阁的回复，他们默许了我的计划，于是，我便从容地向伦敦发出了以下电报：

首相致副首相及外交大臣：

1. 你们允许我尝试执行这一计划，我感激不已。也许我们收到的回复只是对方的拒绝，如果出现这种情况，那就是我的责任，但我认为，我不会坐等土耳其方面的答复。因为我觉得他们同意会晤的可能性很大。如果他们同意了，我觉

得我就能推进事情的进一步发展。当一个人不能和大家坐在一起交谈时，事情可真难办啊！

2. 除了土耳其外，南突尼斯还存在巨大的潜力。我会尽力确保这些潜力得到充分的利用。我上次见到沙漠集团军时，他们还士气低落、毫无秩序，如今他们已经转战一千五百英里，光荣凯旋，这也成为北非海岸最重要的一件大事。从今天早晨到中午，我一直在想，我明天是在下议院回应质疑呢，还是与威尔逊将军在开罗会面，现在想起这些都觉得有些可笑（一切听凭上天安排吧）。

1943 年 1 月 25 日

我不禁又发出以下电报：

首相致副首相及外交大臣：

我们此刻正在飞越阿特拉斯山，山上的白雪在阳光的照耀下泛着点点微光。你们可以想象我是多么希望能与你们在下议院会面，但是因为公务在身，无法如愿。

1943 年 1 月 26 日

＊　　　＊　　　＊

于是，在 26 日午后，我们在泰勒别墅享用了一顿由彭达先生准备的丰盛晚餐之后，便乘坐"突击队员"号起程了。我又一次在飞机上睡得很香，我已经八个月没睡过好觉了。醒来后，我坐在副驾驶的位置，旁边坐着范德克鲁特上尉，他是来自美国的驾驶员，还很年轻。这是我们第二次一同观看尼罗河上的晨光了。但是，这次我们不需要太靠南飞行，由于阿拉曼战役的胜利，敌军已撤退到一千五百英里以外的地方了。机场距金字塔仅有十英里远，我们抵达机场之后，受到了英国大使基勒恩勋爵和开罗司令部人员的欢迎。之后，我们便一同前往大使馆。在那里，我与外交部常务次官亚历山大·卡多根爵士会合，内阁是应我的要求才将他派往此处的。我们二人怀着轻松而满意的心情，将当前形势与1942年8月的形势进行了对比。

这时，我收到消息称，对于我们提议会晤一事，土耳其总统伊斯麦·伊诺努十分高兴。他还就会晤的时间和地点提出了若干建议。方案一是我亲自前往安卡拉。外交部对此表示强烈反对，尤其考虑到近日有人企图投掷炸弹谋杀德国大使巴本，这一方案着实缺乏安全保障。土耳其总统还提出了另外一条建议，那就是我于1月31日在塞浦路斯会见土耳其总理萨拉吉奥卢，那天，他将在德国大使馆用过午餐后前往该地。土耳其方面还提出了更为方便的建议，即他们的总统和随行人员在总统专车上与我秘密会晤，至于地点，只要在土耳其境内，我认为哪里合适就选定哪里。因此，我们定于1月30日在阿达纳会面，该地坐落在土耳其和叙利亚边界附近的海岸上。我立即将这一决定告知罗斯福总统和斯大林主席。

首相致罗斯福总统：

　　从土耳其方面发给您的电报中可以看出，土耳其方面十分愿意与我面谈。我现在正在开罗，一到两天后将动身前往土耳其秘密会晤地点，我之后会再发电报告诉您地点。我定会将全部情况告诉您。希望您一切都好，精力充沛。世界各地的媒体似乎都对此次会晤反应不错。

1943年1月27日

首相致斯大林主席：

　　我与罗斯福总统一致认为，应由我向土耳其总统提议，让他和我进行一次会晤，以更快更好地武装土耳其军队，以备不时之需。土耳其总统回复说，他十分赞同这一提升"侧面防卫力量"的方案，而且如果我同意的话，他将十分乐意在会晤之后，把我们二人会面之事在合适的时机公之于众。

关于此事，您可从我们二人往来的电报之中知晓我的看法，我向您保证我会及时将全部情况知会您。

　　苏联大军连战告捷，请容许我再度表示钦佩。

1943 年 1 月 27 日

*　　*　　*

　　我乘坐"突击队员"号前去会见土耳其人。本次旅程仅需四个小时便跨越了地中海，飞行中的大部分时间，我都能看到巴勒斯坦和叙利亚，之后我们便在阿达纳降落。与我同行的人员有卡多根、布鲁克将军、亚历山大将军、威尔逊将军及其他军官，他们乘坐的是另一架飞机。我们在土耳其那个小型机场降落时费了一番周折。欢迎仪式刚结束，我们就看到一列漆得光彩耀眼的火车从山间峡谷缓缓驶出，土耳其总统、土耳其内阁的全体阁员以及查克麦克元帅就坐在这列火车上。他们极其热情地接待了我们。因为附近没有住所，他们就在火车上加了几节车厢，供我们住宿。我们在这列火车上度过了两个夜晚，每天都与土耳其人洽谈良久，在就餐时也与伊诺努总统畅谈了一番。乘火车旅行期间，我还准备了一份致土耳其的声明，供他们研究使用。这本是一份联合书，在联合书中，我和罗斯福总统一起向土耳其发出请求，请求他们在精神上与我们团结一致。

　　1. 苏联大败德国，使得土耳其北翼所受到的威胁暂时得以解除，而在土耳其南部，亚历山大将军和蒙哥马利将军已将隆美尔从开罗驱逐到一千六百英里开外，并摧毁了隆美尔麾下四分之三的兵力和十分之九的装备，因而威胁也得以暂时解除。然而，德国人依然需要石油，并迫切向东进军，所以他们可能会在夏季时试图强行穿越中心地带。因此，土耳其必须时刻保持战备状态，以武力抵制任何形式的侵略行为。在这紧要且大有可为的时刻，研究出最佳方法来帮助我们的

盟国土耳其，就是我们来到此地的目的。为达到这一目的，我们准备加速军火的供给，因为土耳其军队缺乏的正是这样的军火。美国总统已请求我代表他和我国全权处理此事。当然，这并不意味着我会以美国的名义签发一张空头支票给土耳其，在某些具体事务上我还须与美国协商。然而，罗斯福总统非常渴望能够召开本次会议，因为他希望土耳其能够平安无事，强大起来。此外，他还希望，在战争即将结束的阶段，以及随后复兴世界的工作中，土耳其都将与英美这两大西方民主国家保持密切联系。因此，对于我们提出的所有建议，我希望贵国能站在完全支持的角度进行考虑。

2. 我们该从哪些方面增加武器供给，并提高武器的使用效率？现在的交通状况如何，我们应该采取哪些措施减少交通堵塞？还有，应该采取哪些措施以确保我们的盟国土耳其能够正确使用这些武器？我们（英国人）绝无傲慢自大之意，我们一心想要变得更强大，军队武器装备变得更为精良。举个例子来说，美国人也曾派遣专家来教导我们使用他们在中东提供给我们的各式坦克和武器。甚至在美国参战之前，他们曾派遣大批熟练的技术人员，身着便服前来教导我们如何保持这些军备的正常运作，以及如何维修它们。另一个例子则与那条穿越波斯的铁路相关。我们原以为我们对这条铁路管理得十分得当，但是美国人却提出了大量批评，还主动提出派遣大量人手接管该铁路，并帮助我们将它管理得更好。目前，他们正从我们手中逐段接管这条铁路。我说这些是为了表明，我们之所以建议派遣大量身着便衣的专家和技术人员前来协助贵国使用这批军备，是为了让贵国军队掌握这些军备的使用方法，并让它们保持良好的状态，并无任何贬低之心。此外，我们十分乐意派遣在坦克作战和其他技术性领域拥有最新经验的军官前来，也十分愿意为贵国提供所需的一切情报。

3. 我尤其感到忧虑的是，土耳其军队虽然拥有最优秀的步兵以及素质良好的野战炮兵，却在战争爆发后长达三年半的时间里没有现代武器可用，而现代武器在战场上起着决定性作用。德国还不断将他们掠夺来的现代武器交给诸如保加利亚之类的国家。因此，我完全能理解土耳其此前在各个阶段所持的态度。现在已经到了我们能够消除这种差距的时候了，而且必须以最快的速度消除……

4. 一旦土耳其参战，英美就一定会立即派遣至少二十五个空军中队前来。许多机场已做好准备，大批物资也已运抵机场。然而，还有一些机场的筹备工作一年前便中断了，所以应当积极推进这些机场的建设。物资、零件，以及战地车间也必须就位。巢穴筑好了，鸟儿才能立即飞来。除非巢穴已经筑好，否则鸟儿无法生存，也无法进行出击。此项工作对土耳其的防卫来说至关重要，应全力推进，而且英美工程师和空军军官也会自愿提供服务，以满足种种需求。一旦双方参谋人员达成协定，就一日也不应耽搁……

5. 如果今年夏初出现紧急情况，到时土耳其军队不可能完全装备好所有技术武器。所以，英国会派遣若干特种部队待命，这些部队已经接受过专门训练，且调动自如，不会造成交通线上大规模的人员拥堵，此举对于防守机场以及击退坦克进攻至关重要。为了保证机场防守成功，并击退坦克进攻，我方将在合适的地点时刻待命，借助必需的以及可能得到的美方支援，并尽可能便捷地获取更多的反坦克炮，其中包括我们还未使用过的新型十七磅炮。我们还会命大量高射炮团做好准备，以支援那些已进入阵地的部队。同时，我们也将尽早调来两个具有作战经验的装甲师。除此之外，还有第九集团军和第十集团军。第十集团军的部分兵力将用于地中海中心地带的作战行动，而波兰军四分之三的兵力已获得装备，并且配备了高素质人员，除非苏联的高加索前线被德

军突破，且德军向波斯进攻（但这根本不可能发生），否则波兰军一定能派上用场。与此同时，驻扎在叙利亚的第九集团军正在扩编，可能会达到五个师。但是，大规模调动这些兵力可能会造成交通线阻塞，所以第一时间以最快速度调动这批部队才是上上之策……

6. 我现在将卡萨布兰卡会议的情况，以及我们在地中海中心地带集中兵力的决定告诉您。我们当然不能透露具体计划和日期，但是我们打算从突尼斯对意大利进行猛烈轰炸，并且横跨地中海猛攻意大利，直到它被彻底摧毁，无力再战，退出战场。这一计划需要做大量的准备工作，如今这些准备工作也在进行当中。意大利被击溃后，我们便可与西巴尔干取得联系。米海洛维奇将军在塞尔维亚顽强抵抗，南斯拉夫民族解放军也在克罗地亚和斯洛文尼亚坚持抵抗，他们极有希望取胜。而意大利的崩溃将使我们与他们取得联系。据我们合理推算，在夏季来临之前，我们将会把敌军从非洲海岸驱赶下海，而且这一时间还可能会提早许多。倘若如此，在夏季的这几个月里，我们将会见证英美在地中海地区采取最大规模的军事行动。这些军事行动，尤其是意大利的态度，将令整个巴尔干地区为之震动。我们还必须预计到，苏联军队可能会进一步向前挺进，因为苏联拥有精良的舰队，他们有可能跨越黑海进行作战。因此，我们必须考虑到，在夏季来临之时危机定会升级，因而确保土耳其安全将至关重要。

7. 我知道，斯大林主席极其渴望看到土耳其能够充分武装起来，保卫自身免受侵略。我也清楚，罗斯福总统和英王政府一样，一定希望土耳其能够作为盟国的一员出席和会，在和会上，所有与改变现状有关的问题都将得以解决。尽管我们现在还无法确定本次世界大战将会在何时结束，但我们两国深信，胜利终将属于我们。这也是罗斯福总统为何将卡萨布兰卡会议称作"无条件投降会议"的原因。我们必须铭

记，我们是爱好和平的国家，我们之前对本次战争毫无准备。而现在我们却变成了好战的国家，拥有比德国、日本、意大利更多的军队和军火。此次，我们决心战斗到底，并取得辉煌战果。关于德国内部的情形，你方所知道的，与我方相差无几，甚至可能比我方知道得还要更清楚些。我们并没有寄希望于德国会早日或者突然崩溃，但是谁也无法确定德国不会突然崩溃，就如同上一次世界大战时那般。我们必须做最坏的准备，也要做最好的准备。

8. 我上一次来土耳其还是在1909年，当时我见到了许多勇士，正是他们为现代土耳其打下了基础。英国与土耳其之间有着深厚的友谊。但是上一次战争令这份友谊伤痕累累。当时由于德国人的阴谋诡计，英国与土耳其阴差阳错地站到了两个对立的阵营。交战时，我们视对方为勇敢而可敬的对手，但是那些日子已经过去了。此外，我和我们的盟国美国愿意采取积极行动，大家团结一致，继续共同努力，改变世界秩序，让世界上所有热爱和平的民族有权利过上自己想要的生活，所有民族有机会互相帮助。

我们抵达阿达纳的当天傍晚，我在火车上与土耳其总统进行了首次会谈，当时我就把这份文件交给了他。

*　　　*　　　*

接下来的一般性讨论主要涉及两个问题：战后世界格局和国际性组织的安排，以及未来土耳其和苏联之间的关系。我举的一些例子，都是基于我曾对土耳其领袖说过的话，皆有记录可查。我说我已经见过莫洛托夫和斯大林，而且在我的印象中，这两位都渴望与英国和美国保持和平友好关系。在经济方面，这两个西方大国可为苏联提供许多帮助，也会帮助苏联弥补所遭受的损失。尽管我无法预知二十年后会发生什么，但我们还是签订了一项为期二十年的协定。我认为，在未来的十年里，苏联会集中力量进行重建工作。但是当前的一切也可能会出现一些变动。在我看来，我们应当同苏联保持友好关系，此外，如果英国和美国能够保持行动一致，维持一支强大的空军，那么就能确保两国之间保持一段时期的稳定关系。苏联甚至还可能从中获利，因为苏联拥有大量未开发地区，比如西伯利亚地区。

土耳其总理指出，我曾表达过苏联可能会变成帝国主义国家的观点。因此土耳其必须十分谨慎。我说，届时将有一个国际组织负责保障和平与安全，而这一组织将比国际联盟更为强大。土耳其总理萨拉吉奥卢先生说，他正在寻求的是某些更为现实的东西。因为到时欧洲将被斯拉夫人所统治。而德国战败之后，所有战败国都将受到斯拉夫人和布尔什维克党人的掌控。我这样回答说，事情也并不总是如我们所想象的那般糟糕，但是如果真是这样的话，那么土耳其最好增强实力，而且要与英美两国保持密切联系。如果苏联无故进攻土耳其，我之前所提到的国际组织将代表土耳其进行干涉，保证土耳其的利益，而且这一保证在战争结束后将会更严苛，不仅对土耳其而言是如此，在整个欧洲也是如此。如果苏联效仿德国，我方将不再与苏联保持友好关系。但如果苏联确实这样做了，我们便会尽一切努力联合起来抵制它，而且我也会毫不犹豫地将这样的话转告给斯大林。莫洛托夫曾要求我们签署一纸协定，而据此协定，波罗的海诸国将被视作苏联的省份。我们已拒绝签署，一是领土的重新划分要到战争结束之后才能确定；二是我们认为我们有必要保留各国自决的权利。

*　　*　　*

第二天清晨，我躺在火车车厢的床上，根据之前所进行的一般性讨论，我写下了对战后安全形势的看法。我将这篇文章题为《晨思》。鉴于随后发生的一系列事件，也许这篇文章中的一个段落值得留存下来：

同盟国首脑们打算根据自由、公平和恢复繁荣的概念成立一个国际组织，旨在保卫世界和平。我们将成立一个欧洲政府机构，并将其作为该国际组织的一部分，这一机构将体现前国际联盟的精神，但不会有前国际联盟的弱点。组成这一国际组织的各个单位不仅包括欧洲和小亚细亚那些拥有悠久历史的大国，还包括由一些小国组成的若干联邦组织，显然，其中应有斯堪的纳维亚集团、多瑙河集团以及巴尔干集团。我们在远东地区也将成立类似的机构，只是包含的成员不同。此外，战胜国仍将保留充分武装，尤其是在空军方面，并迫使犯罪国完全解除武装。谁也无法预言，战胜国们之间永远不会发生争执，也无法预言美国不会再次对欧洲置之不理，但是战胜国在经历过这一切之后，考虑到曾经受过的苦难，它们已经十分确定，如果再发生一次世界大战，所有遗留下来的人类文化、财富以及文明必将被摧毁，这样的话，我们也将与野兽相差无几，所以各主要大国必将尽全力维持同盟国之间所结成的正义联盟。他们还将通过牺牲和自我约束，把自己的名字光荣地载入史册，永垂不朽。英国必定会尽力组织一个联盟，以抵抗任何强国的侵略行径。此外，我们还相信，美国也将与我们合作，因为美国在人口和力量上占有优势，他们甚至可能会在面对类似的侵略趋势演变成全面战争之前，挺身而出，阻止这一事态的继续发展。

*　　*　　*

在一般性政治讨论期间，帝国总参谋长和我方其他高级将领也同土耳其方面进行了军事对话。他们探讨的两大议题为：1. 在土耳其采取任何政治行动之前和之后，为土耳其军提供武器装备。2. 在土耳其参战之后，拟定一个英国部队增援土耳其军队的计划。本次谈话的结果已被列入一项军事协定。

* * *

　　我们现在必须再次讲述在斯大林格勒周围上演的那件重大事件了。我之前讲过，11 月会战的结果是，苏联军队以钳形攻势包围了保卢斯麾下的德国第六集团军。12 月，曼施坦因力图从西南方突破苏军的包围，解救被围驻军，但并未成功。他突破苏军防线，深入防线四十英里处，但在此处被苏军拦住了去路，而此地距离斯大林格勒还有五十英里的距离。苏联自北边发起的新一轮攻势威胁到了曼施坦因军队的侧翼，并迫使他后撤，此举还导致包括高加索地区在内的整个德国南部战线全面后撤，一直撤退到了顿河上的罗斯托夫的后方。

　　保卢斯已无望再度获得救援。德军试图从空中给他运送给养，但是极少有飞机能突破苏军封锁，空运中飞机损失惨重。保卢斯的士兵饥寒交迫，弹药告急，再加上斑疹伤寒暴发，他们简直是苦不堪言。1 月 8 日，保卢斯拒绝了苏方令他投降的最后通牒。次日，苏军从西面发动猛攻，战争的最后一个阶段由此开始。德军进行了顽强抵抗，因此数日间苏军只向前挺进了五英里。但是，德军最终还是败下阵来，到 1 月 17 日，苏军距离斯大林格勒已不足十英里。保卢斯将所有能作战的士兵都派上了战场，但这也只是徒劳。1 月 22 日，苏军再度发动猛攻，直至将德军击退到斯大林格勒的城郊。为夺取这座城市，德军可谓费尽心机，最终落得一个竹篮打水一场空的下场。也正是在此地，这支曾经不可一世的德国雄狮的残余兵力，在这个八英里长、四英里宽的矩形地带里作困兽之斗。在猛烈的炮火和空中轰炸之下，幸存的士兵在激烈的街头战斗中自卫，但他们也已经陷入绝境，毫无取胜的希望，当苏军逼近，大批筋疲力尽的士兵开始投降。保卢斯及其参谋人员于 1 月 31 日被俘。2 月 2 日，沃罗诺夫元帅报告说，所有抵抗均已终止，共俘房敌军九万余人。这些俘房是二十一个德国师以及一个罗马尼亚师的残部。这场战役对德军而言是一次沉重的打击，彻底粉碎了希特勒以武力征服苏联、以极权主义暴政摧毁共产主义的企图。

*   *   *

我一直与斯大林保持着联系，让他实时了解在阿达纳会谈的情况。

首相致斯大林主席：

1. 感谢您将有关土耳其的电报转发给我。我于 30 日在阿达纳会见了土耳其的所有重要人士，并与他们进行了友好的长谈。毫无疑问，情况已经有了很大改善，他们愿意与我们两国亲近，而且他们从德方获得的消息也让他们确信德方情况不妙。我们首先要做的是用现代化武器将他们的军队武装起来，但是我们现在能够匀出的武器并不多。我已经做出安排，将他们所需物资经由陶鲁斯铁路运往土耳其，因为这是唯一一条陆上交通线；还将租给他们船只若干，以便从埃及运去更多的物资。我还将我们在沙漠战役中所缴获的部分德国物资送给了他们。我们正在安卡拉成立英土联合军事委员会，以改善交通线，运输军需用品。我们目前正在拟定联合计划，以备在德国或是保加利亚发动进攻时援助土耳其。

2. 我并未要求土耳其就加入我方阵营参战一事与我方达成任何明确的政治性约定或是做出任何承诺。但我觉得，一年之内，也许更早，土耳其可能会用他们所采取的"中立"态度做出牵强解释，就如同美国参战前一样。土耳其允许我们使用他们的机场，以供英美飞机在轰炸普洛耶什蒂油田时加油之用，这些油田对德国来说至关重要，特别是你方军队现在已经收复了迈科普。我再次声明，我并未要求，也并未收到土耳其方面做出的明确政治承诺，而且我也告诉他们，他们完全有权利如此宣布。然而，我们可以将他们与我会晤这件事本身、他们所持的整体态度，以及我即将向您发送的联合公报等与之前的情况加以比对，这样人们就能够更加清

楚，他们站到了反希特勒的行列，而且全世界也将会这么认为。

3. 由于苏维埃共和国实力雄厚，土耳其人对战后自身的地位问题自然有所顾虑。我告诉他们，据我的经验来看，苏联从未做过背信弃约的事情；而此时正是他们做好安排的好时机，对土耳其而言，最安全的做法就是在和会上作为交战国与胜者同席。我所说的一切均是出于对我们共同利益的考虑，这并不违反我们的同盟之谊，希望您能够赞同。我确信，他们将会对苏联的任何示好行为做出积极回应。若您能如实相告您对此事的看法，我定会十分欣喜。我已与他们，尤其是与伊诺努总统，建立了十分亲密的私人关系。

4. 在您最近发给罗斯福总统的电报中，您曾询问在北非战场的盟军作战行动进展放缓一事。而就英国第八集团军而言，他们在那时起就已经攻占了的黎波里，并希望能在短时间内大举杀入突尼斯，将敌军赶出马雷斯和加贝斯。的黎波里港的清理和恢复工作正在全速进行，但是目前，我们的交通线一直延伸到班加西，部分甚至能通到一千五百英里外的开罗。我们的第一集团军得到美国的强大增援，正携给养向前推进，他们将会尽快同第八集团军汇合，发动联合进攻。可是降雨频繁已经成为一个严重的困扰因素，而且公路和铁路仅有五百英里长，并且质量不佳，也是严重的制约因素。但我还是希望能在4月底或是更早的时候彻底消灭敌军，或是将他们赶出非洲沿海地带。按照我本人依据可靠情报做的预测，德国驻突尼斯的部队，是拥有八万德军的第五装甲集团军，以及两万五千到三万的意大利军。隆美尔麾下有十五万德意联军，但可能仅有四万人能上战场作战，此外，他们的武器装备也不占据优势。而我们的首要目标就是消灭这部分兵力。

5. 关于我与罗斯福总统在卡萨布兰卡共同决定的具体作

战行动，您提出了适当的问题，我之后会进行回复。

6. 对于陆军元帅保卢斯投降以及德国第六集团军覆灭一事，请接受我的祝贺。此番功绩的确十分了不起。

1943 年 2 月 2 日

苏联人并没有因为战事告捷而变得更好相处一些。2 月 6 日，我收到了以下这一略带冷漠的回复：

斯大林主席致丘吉尔首相：

1. 您与土耳其领导人在阿达纳的会谈情况，承蒙相告，不胜感激。

2. 关于您建议由苏联向土耳其示好、土耳其会做出友好回应一事，我谨指出，在苏德战争爆发数月之前以及爆发之后，我国曾发表过若干声明，英国政府想必对这些声明的友好态度十分清楚。但是，土耳其并没有做出任何反应。很明显，他们是畏惧惹怒德国人。若按您的建议行事，恐怕我们还会遭受类似的对待。

3. 土耳其的国际地位仍旧十分微妙。一方面，土耳其同苏联签订了中立友好条约，还与英国签订了反对侵略互助条约；另一方面，就在德国向苏联发起进攻的三天前，土耳其又与德国签订了友好条约。我现在并不清楚，在当前形势下土耳其将做出何种决定才能既不辜负苏联和英国，同时又能承担起对德国的责任。尽管如此，如果土耳其方面希望与苏联建立更为亲密的伙伴关系，那么随他们怎么说都行。在这种情况下，苏联也将愿意对土耳其做出让步。

4. 当然，我并不反对您发表声明称，我一直关注着英国与土耳其会晤一事，尽管我并未获悉所有相关信息。

5. 我祝愿驻扎在北非的英国第一、第八集团军以及美国部队在即将到来的进攻中大获全胜，早日将德意部队逐出

非洲。

　　6. 感谢您就保卢斯投降及全歼斯大林格勒附近被围敌军一事发电致贺。

1943 年 2 月 6 日

　　直至 3 月 2 日，我才从斯大林处收到另一封关于苏联—土耳其关系的电报。从电报内容来看，苏土关系已取得进展。

　　　就我方而言，我想向您传达，2 月 13 日土耳其外交部部长告诉苏联驻安卡拉大使，土耳其政府希望能就改善苏土关系一事与苏联政府进行谈判。苏联政府经由驻安卡拉大使回复道，苏联对此十分乐于接受，并表示愿意与土耳其政府进行谈判。目前，我们正盼望着驻土耳其大使从安卡拉回国。打算在他回来之后便与土耳其开始谈判。

*　　*　　*

　　我与土耳其洽谈的本意，是为他们在 1943 年秋季参战做好准备。但是，在意大利崩溃之后，苏联挺进黑海北部，并进攻该地的德军后，土耳其才加入了战斗。这是因为在这一年的下半年，在爱琴海发生了一些不幸的事件，我之后会进行详细叙述。

　　当然，战争胜利之后，一切看起来都是合理的，但是在当时，摆在我们面前的却是漫长而艰辛的斗争。我确信，如果当时按我的想法行事（之前我已明确表达过我的目的），我或许能让土耳其在 1943 年底之前参战，这不仅无损于我们的主要计划，对盟国来说也有种种好处，尤其对土耳其而言更是益处甚多。现在，在战争结束后的这些年间，当我们看到美国正竭尽全力援助土耳其时，一切都已经回到正轨了，不过我们并没有获得土耳其的帮助，这一点在 1944 年初巴尔干的局势中就隐约地表现出来了。

第二章

TWO

回国后的困境

北非战役的进程——第八集团军的推进——1 月 23 日占领的黎波里——在阿尔及尔的事务——安全回国——艾登先生访问美国——隆美尔再度出击——国王的来信——甘地先生绝食抗议——有关斯大林格勒的影片和《沙漠大捷记》影片

1942 年 12 月份进攻突尼斯失利之后，我们攻击西北非的第一波兵力已经消耗殆尽，因而德军最高司令部得以暂时恢复突尼斯的稳定状态。希特勒拒不承认，就连西西里和突尼斯之间的短短通道，他也无力动员海军和空军进行防卫，他竟还下令在突尼斯新建一支军队，以应对盟军即将从东西两侧发起的进攻。而隆美尔的非洲武装部队已饱受重创，在英国第八集团军的打击下继续后撤。

在地中海中部地区，重新补充了粮食与军备的马耳他已重整旗鼓，士气大涨。我们的海空两军从阿尔及利亚和昔兰尼加的新基地出发，开展大范围的巡逻以保护盟军船只，并拦截了大量的敌军补给和增援力量。除了封锁突尼斯（该地的德国空军实力依然雄厚）之外，我们的势力范围已经扩大到意大利本土的港口。随着我方实力的增强，巴勒莫、那不勒斯和斯佩西亚都深感威胁，英国皇家空军轰炸机也从英国本土出发，对意大利北部地区发动空袭。而意大利舰队并未试图进行干涉。这是因为除了英国舰队的出现外，当地还存在着严重的石油短缺问题。有一段时间，整个西西里连一吨燃油都无法提供给意大利舰队，所以它们根本无法将补给护送到突尼斯。

在陆军方面，艾森豪威尔将军已经注意到，他在西北非的军队需休养生息、重新整编，并壮大实力。在北方，英国第七十八师和第六

装甲师已攻占的地区也必须进行巩固。再往南一点，在那条漫长而薄弱的防线上，法国第十九军的少量兵力在中部防守，而右侧则由美军第二军的部分兵力防守，这样一来，就给敌军提供了突破并击溃整个盟军防线的机会。盟军部队构成混杂，而吉罗将军拒绝将法国部队交由英国指挥，这使得问题更加复杂。1 月中旬，法国第十九军受到重创，导致需要派遣更多英法部队前去支援，因此，艾森豪威尔不得不下令，让所有前线士兵听从英国第一集团军司令安德森将军的指挥，吉罗也接受了这一安排。

*　　*　　*

1 月间，第八集团军取得了不错的进展。月初，第八集团军在比拉特敌军阵地前受阻。蒙哥马利将军认为，在确保能够迅速取胜之前，有必要推迟进攻。一开始，第八集团军的兵力是由的黎波里提供的，之后又从班加西、托布鲁克两地调来兵力增援。1 月 15 日，蒙哥马利率领第五十一师沿着海岸公路发起进攻，第二十二装甲旅在中线进行攻击，而第七装甲师和第二新西兰师则包围沙漠集团军的侧翼。1 月23 日，英军如期攻克的黎波里。而此时的黎波里港已经遭到了严重破坏。港口入口已被沉船完全堵住，而且航道上遍布水雷。我们对此早有预料，2 月 2 日，第一艘补给船进入港口。一周后，港口每天可运入两千吨补给。尽管第八集团军还需长途行军，但从阿拉曼到此地的一百五十英里路程中，该军能得到不间断的物资供应补给。尤其是在的黎波里港口迅速开放后，物资的供应达到了高峰。本次物资得以顺利补给的大功臣当属驻开罗的林塞尔将军以及隶属第八集团军的罗伯逊将军。2 月底，勒克莱尔将军率领一支约两千五百人的法军混合部队，从法属赤道非洲越过沙漠行军一千五百英里，与第八集团军会师。勒克莱尔将军与他麾下的军队毫无保留地服从蒙哥马利将军的指挥。他与他的军队在突尼斯战役的后期发挥了重要作用。

2 月 4 日，第八集团军越过边境进入突尼斯，如此一来，英国已

完成了征服意大利帝国的使命。根据卡萨布兰卡会议做出的决定，这支军队现在隶属于艾森豪威尔将军，亚历山大将军担任副总司令，指挥陆上作战行动。

＊　　＊　　＊

　　我从阿达纳飞回塞浦路斯，在该地逗留了两晚，视察了第四轻骑兵团，我之前曾任该团团长，这是我此次大战中第二次视察第四轻骑兵团了，上一次还是在阿拉曼战役爆发前一个月。塞浦路斯的一切似乎都在蓬勃发展，这里的人们也和我在其他地方见到的一样，那样友好，那样热情。他们感觉现在比 1941 年安全多了，岛上的土耳其居民和希腊居民因盟国正在走向胜利而感到十分欣慰，他们根本没有反英倾向。我同当地居民的交流都十分融洽，并在总督官邸花园里向名流们发表了讲话。这是我第三次访问这个岛屿了，第一次是在 1907 年，那时我还是坎贝尔—班纳曼政府的殖民地事务部次官；第二次是在1936 年，那时我乘沃尔特·莫因的游艇巡游；1943 年，也就是这次，是我第三次访问这里了。我一向密切关注这里的事务，我很高兴我曾为废除财政部向该岛强行征税出过一份力。

　　我们又在开罗待了两天，之后便乘飞机前往的黎波里。刚刚完成了历史性长征的蒙哥马利将军正在的黎波里机场等候我。敌军已被驱逐到的黎波里以西四五十英里外的地方。我在的黎波里待了两天，亲眼见证第八集团军浩浩荡荡地穿过的黎波里庄严的街道，场面极其雄伟壮观。领头的是第五十一高地师的管乐队。在经历了长途行军和浴血奋战之后，他们的服装看起来还是那般簇新干净。当天下午，我出席了两个师的集体阅兵式。我住在蒙哥马利的车厢中，自阿拉曼战役前的会面以来，我就没在车厢中休息过了。我还在蒙哥马利将军司令部的两千名官兵面前作了演说。我向他们说道：

　　虽然每一夜都要搭建移动帐篷，

但每一天的行军都让我们离家乡更近了一步。

但是他们回家的路还很遥远，而且路途坎坷。

我本来计划要飞往马耳他，而且由于我在开罗就下达了命令，蒙哥马利将军早已准备就绪了。由于敌机的出现，本次旅行被认为存在一定风险，所以我将乘坐一架两座飞机前往，并由六架"喷火"式战斗机护航。然而，当我对蒙哥马利将军的精心安排表示高兴和惊讶之时，他才意识到，他将我的愿望当作命令执行了。然后他便开始反对此次冒险的飞行了，最终我也听从了他的建议。我对此非常遗憾，因为我本应该去看看马耳他，把战时马耳他岛的回忆留存在脑海里。

读者或许还记得，六个月前我离开开罗时，曾向亚历山大将军下达过如下指令：

首相致中东总司令亚历山大将军：

1. 你的首要任务便是尽快打败隆美尔元帅麾下的德意联军，俘获他在埃及和利比亚的给养和装备。

2. 你需在不妨碍上述任务的原则下，执行或下令执行其他在你指挥范围内的，且必须是对国王陛下的利益至关重要的任务。

1942 年 8 月 10 日

他给我的答复如下：

亚历山大将军致首相阁下：

您于 1942 年 8 月 10 日下达给我的命令已执行完毕。国王陛下的敌人及其辎重已全部逐出埃及、昔兰尼加、利比亚和的黎波里塔尼亚。我现在正等待着您的进一步指示。

这两天过得漫长而丰富，之后我便与随行人员从的黎波里出发，前去阿尔及利亚访问艾森豪威尔将军等人。

首相致艾森豪威尔将军（非洲）：

　　根据目前的计划，我将在 5 日抵达。方便的话，我希望能与你们少数几人共进午餐。我希望能见到吉罗和墨菲，当然还有麦克米伦。我无意将安德森将军从前线召回，除非你们真的认为不会给你们带来麻烦，而且你们也乐意如此。我计划用完午餐后便启程前往直布罗陀。我很期待与您相见。请勿将此事告诉除坎宁安海军上将以外的人。

1943 年 2 月 3 日

　　阿尔及尔的形势十分危急。达尔朗遇刺后，许多重要人物加强了安全防范。战时内阁一如既往地关注着我的安全问题，显然希望我能早日回国。这至少是在对我表示关怀。但是另一方面，我很快意识到，我应该在阿尔及尔多留一些日子。

首相致副首相：

　　我们现在住的是海军上将的别墅，它紧挨着艾森豪威尔将军所住的别墅。这两栋别墅均被铁丝网围住，也安排了守卫严密把守和巡逻。我们是乘坐防弹汽车并且绕了一段路才抵达这里的。我不建议离开这个地区。鉴于戒备森严，根本不会有人觉得在这种环境下会存在什么危险。

　　我计划一旦天气完全转好，就从此地直飞英格兰。然而，经过了紧张的一周之后，能有一天的休息时间，我觉得很开心。昨天，我在的黎波里对我们总共四万余人的军队进行了检阅。说到热情，意大利人若称第二，那就无人敢称第一了。

　　请勿担心我的个人安全，因为我对自己极为上心，总是很快就能发现何处存在危险。我打算下周二在下议院接受大家的提问。我不得不请求在我回国之后，宽限几天再发表声明，我希望能在星期四进行。

1943 年 2 月 5 日

今天的行程安排得很满。我与艾森豪威尔谈了许久，从他和海军上将口中得知了许多无法通过电报传达的信息。我和艾森豪威尔所住的别墅距离都没超过一百码。午餐的时候，戴高乐与吉罗都到场了。我有许多事务要处理，所以我要到周六晚些时候才能离开。艾森豪威尔将与我在海军上将的别墅共进晚餐，仅有几位要好的朋友参加。2月6日，我同诺盖、佩卢东二人见了面。虽然这两位法国人都手握大权，处境却很艰难。尽管在美军登陆时诺盖采取了抵抗行动，但他仍然是摩洛哥总督。佩卢东曾经是维希驻阿根廷大使，他应美方邀请刚刚从阿根廷来到此地，担任阿尔及利亚总督一职。我告诉他们，如果他们能与我们并肩作战，我们定会摒弃前嫌。虽然他们神情庄重，但也忧心忡忡。

午夜之前，我动身前往机场。我们已经在飞机中落座，等待起飞，但是飞机并没有起飞。在我的几位助理秘书中，有一人身材十分矮小，我不禁说道："你体重轻，这在飞行中可是极大的优势，但是如果我们降落到了沙漠里的话，你就没法跟我们走很远的路了。"后来，我终于失去了耐心，决定驱车回到海军上将那所舒适的别墅。我的医生查尔斯·威尔逊爵士那时候已经睡着了。他并没有听到我们离开的声音，所以他被锁在飞机里待了一整晚，在天亮时才被放出来。我必须在阿尔及尔再多待一天，因为还有很多事务要处理。我向外交大臣发送了一封电报，内容如下：

　　昨晚因飞机的磁电机发生故障，耽搁了两个半小时。这就意味着若是起飞，那么我们就会在白天抵达英格兰，而届时可能没有护航。所以我们认为最好还是在此多留一天再启程。幸好磁电机是在我们起飞前发生了故障，而不是在起飞后。

终于，在周日晚间，也就是 7 日，我们启程了，这次是直接飞回英国，一路平安无事。这是我最后一次乘坐"突击队员"号，后来这架飞机坠毁了，机上所有人员无一幸免，虽然当时飞机上是不同的飞行员和机组人员。

* * *

我回国后的首要任务便是就卡萨布兰卡会议、我的地中海之行以及现在的总体形势向下议院作一次全面汇报。因为我想借这个时机宣布我们之前的重要军事任命，因此我向罗斯福总统发出了如下电报：

> 我拟于周四（11 日）的正午就我们的共同事务向下议院做出一些说明。
>
> 我已收到亚历山大将军的电报，称他已经完成了我于 8 月 15 日给他下达的指令，已将敌军逐出埃及、昔兰尼加和的黎波里塔尼亚。此外，沙漠集团军的先遣队已向突尼斯挺进。因此，将第八集团军交由艾森豪威尔将军指挥的时机已经到来。因为事情终究要公之于众，所以我提议就在本次会议上宣布这则消息。因此，我提议在我向议会作汇报时，同时发布亚历山大和特德的任命。我希望在我向议会报告之前，切勿提前散布第八集团军的相关信息。
>
> 我刚从阿尔及尔回来，我在那边同艾森豪威尔、史密斯、吉罗以及墨菲相谈甚欢。自我们分别以来，我几乎一直在旅行，近几日我还会再发一封电报给您。
>
> 愿你、哈里以及所有朋友一切都好。
>
> 1943 年 2 月 8 日

总统当即做出了回复。

罗斯福总统致首相：

我赞同您在 2 月 11 日宣布由艾森豪威尔将军指挥第八集团军，任命亚历山大为艾森豪威尔的副司令，并对特德也予以任命。在我看来，如果强调美国在北非的最高指挥权，将对我们与法军的合作极其有利，而且我认为公布亚历山大或是特德的职责细节，进而让敌方获利是不明智的行为。我十分欣慰您已平安回国。您已经取得了卓越的功绩。

1943 年 2 月 9 日

我认为总统应该对英国的舆论泰然处之。

前海军人员致罗斯福总统：

我会按照您的意愿行事，但我不能保证不会受到批评。新闻大臣布伦丹·布雷肯与英美报界保持着密切联系，我已从他处收到下列附件：

"我很难说服一些报纸不要批评美国对北非战役的处理方式。"如果强调由艾森豪威尔将军出任最高司令，而不明确指出亚历山大将军和特德空军中将各自的职责，我认为我们定会受到英国报界的责难。在这方面，我确信报界将会反映国内民众的感受，而且更多的人可能会直接认为，由于国际政治上的某些举措，英国司令和军队受到了不公正的对待。

"英国政府已经习惯了遭受批评，不太可能会因此而感到不快。但是，美国人会因艾森豪威尔被任命一事不可避免地遭到指责，或是将艾森豪威尔同亚历山大将军的军事资历进行比较，他们想必会十分不满。因此，我认为将艾森豪威尔将军出任最高统帅、亚历山大负责指挥盟军在突尼斯作战、特德负责指挥空军一事告诉公众十分重要。"

如果在这些问题上产生争执，我将提出最郑重的警告。布雷肯也将在暗中竭尽全力。请贵方也做出同样努力，以帮

助您忠实的伙伴英国。在我看来，苏联人的胜利已经开辟了一个崭新的局面。衷心祝贺贵方在瓜达尔卡纳尔岛战役中取胜[1]。

1943 年 2 月 10 日

* * *

2月11日，我做了一场长达两个多小时的演讲。因为我觉得我要讲的事情实在太多。高潮部分当然是我在1942年8月向亚历山大将军下达的指令，以及1943年2月2日，我在的黎波里蒙哥马利将军司令部收到的答复。接着，我又对法属西北非的形势进行了概述，并宣布了我与总统关于指挥权的决定，以及任命艾森豪威尔将军担任最高指挥官一事。

* * *

因为还有许多复杂的问题亟待解决，我觉得最好还是派外交大臣前往华盛顿进行战争期间的首次访问，与总统建立亲密的私人关系，并与赫尔先生和国务院保持密切联系。总统十分赞同这一想法，我也准备在艾登先生离开的这段时间内亲自处理外交部事务。

罗斯福总统致首相：

　　派安东尼·艾登访美实在再好不过了。我很高兴能见到他，而且越快越好。您的演说精彩绝伦，对各个方面都大有裨益。

1943 年 2 月 12 日

---

① 1943 年 2 月 9 日，美军攻占瓜达尔卡纳尔岛，该事件将在后文进行叙述。

＊　　＊　　＊

　　旅行途中我并没有意识到我是如此疲惫不堪，我一定是着凉了。几天之后，因为感冒和喉咙痛，我不得不卧床休息。16 日晚上，我和夫人独处时，我的体温骤然升高，一直照看我的莫兰勋爵断定我的一个肺底部发炎了。根据诊断结果，他给我开了名为"M"和"B"的药。第二天拍摄了几张精确的照片后，莫兰勋爵的诊断得到了确认，还请了盖伊氏医院的杰弗里·马歇尔医师前来诊断。我的各项工作不间断地送来，我虽感觉十分不适，但还是在照常工作。不过我现在察觉到呈给我看的文件明显有所减少。当我提出异议时，医生认为我应当停止手头全部的工作，我夫人也表示支持。我自然不会同意。这样的话，一整天我应该做什么呢？然后他们说我得的可是肺炎，我回答道："你当然会治好的。难不成你还不相信自己的新药吗？"马歇尔医师说，他将肺炎称作是"老人之友"。"为什么？"我问道。"因为此病会让病人平静地死去。"我作了适当的回复，但我们还是就下列原则达成了协议：他们只会将最重要和我所感兴趣的文件呈给我，我还能看点小说。我选了《莫尔·弗兰德斯》这本书，我曾听说过有关这本小说的精彩评论，但过去我没有时间阅读。就这样，我在高烧和不适中度过了接下来的一周，而且有时候我觉得特别难受。从 19 日至 25 日，我的记事簿一片空白。

　　下议院议长菲茨罗伊上校几乎与我在同一时间病倒了。他也同样患了肺炎。起初我们还互相询问病情。但从他那里得到的消息让我放心不下。他比我年长五岁，而且病情更严重。

＊　　＊　　＊

　　对我来说，这几天简直度日如年，但也不乏乐事。汤姆森先生友善地送了我一头狮子，这位绅士还寄给我一张那头狮子的漂亮照片，并祝我早日康复。狮子的名字叫"罗塔"，我只得向德文郡公爵求助，他是动物园园长，是汤姆森先生介绍我认识的，我请求他给狮子安个家。罗塔是一头雄狮，体格健壮，今年八岁，已经是很多小狮子的父亲了。这天，那位与我一起乘飞机的助理秘书带着文件来见我。他是个很有魅力的人，也非常能干，就是身材比较矮小。我很喜欢和他开玩笑，我给他看了一张罗塔的照片，照片中罗塔张大着嘴巴，然后我对他说："如果你工作上出现纰漏，我就把你送到它那里去。现在可是很缺肉呢。"他把我的话当真了，回到办公室就跟同事说我精神错乱了。

我写信给公爵：

> 如果我不需要喂养罗塔，也不需要照顾它，而且动物园也能保证它不会逃跑的话，那我还是很乐意成为它的主人的。
>
> 你估计得没错，此刻我并不想把狮子安置在唐宁街或是契克斯，因为这些地方是需要保持安静的办公环境。但是动物园就在附近，而且说不准某一天我会极其需要它。
>
> 我希望在天气好些的时候来看看这头狮子，也看看我的黑天鹅。
>
> 如果所有方法都行不通的话，我认为你个人有义务在查茨沃斯收养这头狮子。

*　　*　　*

很快，罗斯福总统、史末资元帅以及其他朋友得知了我患病的消息。他们多次发来电报嘱咐我要听从医嘱，我也老老实实地照着我和医生的约定行事。我读完了《莫尔·弗兰德斯》之后，便把这本书送给了马歇尔医师，想让他开心点儿。治疗非常有效。

大约就在这时，我又收到了总统寄给我的一幅肖像画，画中人是一位名为威斯特·丘吉尔的美国将军，这位将军已在1862年离世，他无疑是多塞特郡丘吉尔氏的直系后裔。总统还将这位将军的族谱一同寄给了我。他认为我们长得很像。

尊敬的温斯顿：

当您和家人闲暇之时，请看一下这幅画。此信无须回复。哈里森夫人认为您与画中的人有些相像，我认为她说得没错。她是我国驻瑞士公使的夫人。

您永远的朋友　富兰克林·罗斯福

华盛顿，白宫

1943 年 3 月 2 日

附件

尊敬的总统先生：

我寄了一张我高祖父西尔威斯特·丘吉尔将军画像的照片给您。

许多不知道他名字的人在我家看到这张肖像都会惊呼："这不是温斯顿·丘吉尔嘛，他的照片怎么在你家！"我答道："他确实是丘吉尔，但他是美国的丘吉尔！"他们非常感兴趣。总统先生，我觉得您可能也会很感兴趣，便为这张画像拍了张照片，附在信里了。

1943 年 2 月 27 日

我回信道：

首相致罗斯福总统：

我已收到您在 3 月 2 日发出的信件，十分感谢。我将这张照片和哈里森夫人的信给我夫人看过了，我们二人对此十分感兴趣。可否向哈里森夫人转达我们的谢意，多亏了她，我们才能看到这张照片。

几个高明的鉴定家均认为确有相似之处。

1943 年 3 月 19 日

*　　*　　*

尽管盟军从北非东面进军的速度超过预期，但 2 月中旬盟军的形势仍让人倍感焦虑。盟军虽给敌方海军、空军造成了巨大损失，但未能阻止其组建起一支拥有十四个师的军队，其中包含隆美尔的军队。大部分德军是乘坐飞机抵达的。敌军四个装甲师中，包括三个德国师和一个意大利师。而盟军仅有九个师可用于作战，其中法国第十九军的两个师还装备不良。美国第二军尚未全部抵达，它的四个师中仅有第一步兵师和第一装甲师在前线作战。从海岸到布阿腊达的北部战线由三个师组成的英军第五军防守。它的右翼是法军第十九军，由法国一个师、美军第一步兵师和两个英国步兵旅组成。这支军队防守着山脉的各处隘口，该山脉俯瞰着沿海平原。更远一些的南部地区，由美国第二军（该部队由美国第一装甲师和一个法国师组成）和另一个美国步兵师继续把守着防线。这些部队也防守着它们前线的隘口，但并不包括非常重要的菲德隘口，因为它已于 1 月 30 日被德军攻破。

隆美尔被提拔为驻突尼斯轴心国军队的统帅。他一边同第八集团军交战，一边又在菲德以东集中了两个德国装甲师的兵力，以击退美国第二军，阻止他们攻击其侧翼和后部。2 月 14 日他开始发起进攻。我们曾错误地估计，德军会从封都克而不是菲德发动主攻。结果，在安德森将军的指挥下，美国第一装甲师分散开来，仅有一半兵力在封都克以南的地方抵御这次突袭。美国第一装甲师一直被压制着，场面极度混乱。次日，卡塞林、弗里亚纳和斯贝特拉相继被德军占领。

隆美尔现在可以选择通过卡塞林隘口进攻特贝萨，该地是一个重要的交通枢纽，后面是非常重要的尤克斯盐沼机场，他也可以选择北上。隆美尔选择向北发动进攻，但遭遇了第一警卫旅和安德森紧急调来的美军第九师先遣队的顽强抵抗，双方僵持不下。在塔拉公路上，

德军的先锋第二十一装甲师遇上了我方第二十六装甲旅、两营英军以及美军步兵和炮兵。激战一触即发，但是到了22日中午，隆美尔才开始有序撤军。27日，我军重新占领了卡塞林和弗里亚纳，28日，斯贝特拉也回到了我军手中。后来，我们重新建立了原来的战线。

但是隆美尔并没有放弃其进攻企图，他试图在突尼斯至少保留一个据点。2月26日，他开始对英国第五军的前线发动一系列猛攻。在迈杰兹南部，敌人尚未取得任何进展就被击退了。敌军向北推进了数英里，这只会让迈杰兹城的尴尬处境更加凸显而已。在海岸附近，我军被迫后退到二十英里外的阿比奥德山，但我军牢牢守住了此地。

＊　　　＊　　　＊

此时，我接到了国王陛下的信函，陛下密切关注着战争进展，对某些方面的形势尤为担忧。

我亲爱的温斯顿先生：

听闻您身体抱恙，我深感遗憾，祝您早日康复。但也请您趁此机会好好休息，在上次旅程之后，您本来就该休假的，而且为了接下来几个月的艰苦工作，您也要恢复体力。上周二我本来可以与您畅谈一番，但是我错过了，我知道，下周二我们也不能见面，所以就写信给您了。

当前北非的政治局势不容乐观。我明白，我们必须将"火炬"作战计划的政治工作交由美方，与此同时，在行动进行期间，我们能够与西班牙、葡萄牙保持友好关系。我也了解，在最初我们必须谨慎行事，但现在有没有什么办法可以加强麦克米伦和亚历山大的政治和军事力量，使得法国这两派握手言和呢？

现在，我听说美方的观点是必须将"哈斯基"作战计划的启动日期推迟，但是我们可以按照之前预定的日期作规划。

但推迟该计划势必会增加我们在进行作战准备时的困难。

这个情况可能会使得我们对运输船队和护航船队的所有周密计划成为泡影，也会再度打乱我们的输入计划。此时此刻，我本不应拿这些问题来扰您清净，但我确实十分担心，希望您能保证会密切关注这些问题。

除了您之外，我不能与其他人探讨这些重要事宜。

相信我，您十分真诚的乔治

白金汉宫

1943 年 2 月 22 日

我立即做了回复，而且一旦我开始讲述，就很容易彻底讲清事情的来龙去脉。

陛下：

蒙陛下亲笔致信，不胜荣宠。

我对北非战事的发展状况并未感到十分不安，不论是政治方面，还是军事方面，尽管在这两方面，我对许多事情有着不同看法。

我一向都很及时认真地阅读所有重要电报，除了前两天，我不得不承认自己那时有些懈怠。我确信墨菲的目的就是支持吉罗，并为法属北非的一千六百万居民谋得一个和平而稳定的政府。单就这一方面来说，他已值得称赞。的确，为了这一目的，也为了保卫我们至关重要的交通线，我们必须与众多由维希政府任命的法国官员一同工作；但若是没有他们，我们还真不清楚如何管理好这个国家。甚至在叙利亚，我们在某种程度上也是这样做的。我个人并不认为这些官员会改变立场或妨碍我们的行动，因为他们要按规矩行事才能维持基本生计，甚至稍有不慎，就得赔上性命。

如果戴高乐或是他的代表突然插手该地区的事务，尤其是由我们强行引荐的话，那就只会引起麻烦。法国两个派系之间之所以没有达成和解，完全是戴高乐的过错。总统和我都分别邀请过他来卡萨布兰卡与吉罗达成和解，结果都遭到了他的拒绝。实际上，这种鲁莽的态度令美国人对他和法兰西民族委员会不屑一顾。

正如上次我面见陛下时所说的那样，我定当竭尽所能将"哈斯基"作战计划提前至6月实行。在此事上，我已得到参谋长委员会及所有相关人员的大力支持。然而，艾森豪威尔将军坚决表示，6月实施此计划"恐不能成功"，最早也得到7月才能实行。因此，我们的参谋长委员会向位于华盛顿的联合参谋长委员会发送了一份报告，而我也向霍普金斯发过电报，要求他执行该作战计划，因为根据最新消息，联合参谋长委员会——执行指挥权的最高和正式机构——命令艾森豪威尔将军以最大的热忱为在6月执行作战行动做好准备，并在4月10日前向联合参谋长委员会汇报作战准备的进展状况。因此，您也看得到，美国参谋长委员会跟我方意见一致。如果要我说的话，我也是这样认为的。这就是当前的状况。

在接到亚历山大的消息之前，我暂且不会对战事做任何判断。美国陆军第二军受挫严重，而且明显损失了约半数的重要武器，却未给敌军造成重创。然而，在当地我们约有六个最精锐的步兵旅、第六装甲师以及拥有"丘吉尔"式重型坦克的一个旅。还有更多的援军正在赶往该地。物资供应状况也有所改善。在斯贝特拉，第一警卫旅已加入战斗，并已经让敌军感到第一警卫旅的强硬了。

敌军原计划中并未预计要发动此次进攻，为了发动此次进攻，敌军大大削减了马雷斯防线的兵力。蒙哥马利对全局了如指掌。近期他每日都能从的黎波里港和班加西获得大量物资，有时从两个港口获得的物资总量可达六千吨。蒙哥马利很快就能把第十军调至前线，而在以前，他一直利用第十军的交通工具来运送这些物资，以维持自己的军队，并积聚物资储备。我希望在3月中旬或更早些时候，第十军和第三十军均能加入突尼斯的战斗。虽然如此，但是我们可能不必久等，因为蒙哥马利一旦察觉前线敌军攻势衰颓，势必会举兵将其一网打尽。

想必陛下已经知晓，这支由大约十六万人组成的第八集团军，可能是世界上最精锐的部队。因此，我满怀信心，期盼他们加入战斗。此外，我们还有亚历山大将军，他能在艾森豪威尔的指挥之下，协调并配合所有行动。敌军很有可能会因为估计错误而浪费兵力，而此事将为蒙哥马利提供尽早战胜敌军的良机。

想必不用我说，您也知道，我没有一句话是在存心贬低美国人。美军十分英勇，但是缺乏经验，他们会从失败中吸取教训，也会从困境中提高自身，直到将他们最强的军事素质磨砺出来。辛亏我一直力劝艾森豪威尔将军担任指挥，否则，此前若是由英国将军指挥的话，那么美军这一个师的失败，就会让我们在美国的敌人有辱骂我们的好机会了。

总的来说，我认为我们有理由满怀信心翘首期盼北非局势的发展，我希望不久之后就会有所进展。

虽然我因发烧而无法阅读所有的电报，但是我对一切情况已经了然于心。我真希望我能在您用午膳时把这些情况亲口告诉您。无奈现在只能写信汇报。

卑职　温斯顿·丘吉尔

1943年2月22日

* 　　* 　　*

的黎波里港的运输量得到大幅度提升。24日，我发电报给港口司令说："把我的话转达给他们，他们正在卸下的可是历史的重担。"

送到我公文箱的文件虽然数量在减少，但也从未中断。我从这些文件中得知英国第一集团军在突尼斯的激烈战斗中被调走这一情况，这给我留下了不好的印象。

首相致亚历山大将军：

1. 圣诞节前后，第一集团军已经放弃了所有进攻的想法；但在过去的两个月里，我们尽了一切努力向前方运送给养，并且派遣援军开赴前线。的确，法军的掉队造成了混乱，但是美军却大规模地加入了战斗。然而，这批安德森麾下的美军，被安德森或其他人分散开来，正如你所说的那样，零零散散地部署在一条广阔但防御松散的战线上。在当时，可能将防线撤到山南会是明智的选择，但他们既没有建成一条强有力的战线，也没能谨慎撤退。在他们发起进攻之前，我们的情报部门向他们发出了大量警告。即便是在那时后撤，也是十分明智的选择。因为没有人会在意这些地方，在丢失这些地方之前，他们甚至都没有听说过这些地方的名字。运用某些伪装战术也许是很明智的办法，但当时却一个都没有想出来，导致美国第二军留在战场上遭受敌军的追击，被敌军的一百五十辆坦克打得损失惨重。

2. 局势现已恢复，但是过去发生的事件必会彻底追究。我信赖你，也相信你的判断，深信你不会对无能与不足加以隐瞒。

3. 得知曾饱受辱骂的"丘吉尔"式坦克表现良好时，我颇感欣慰。当然，我主要看重的是这款坦克的防护装甲，而且我认为，它们能承受得住多次打击。任何你能发送的或是已经由你的官员给我发送的消息，我都很感兴趣。

4. 今天我已有好几个小时没再发烧了，我希望这是我即将告别这些不快经历的开端。祝你一切顺心。我敢肯定你现在已掌握了所有必要线索，以便在 4 月中旬前大胜一场。我

是多么欣慰是你在那里指挥！的黎波里港的卸货工作做得极好。请与我保持联系。

1943 年 2 月 24 日

首相致哈里·霍普金斯先生：

我生了场大病，之前很有可能会恶化。我现在感觉确实好些了。我认为突尼斯的战况良好，之后还会更好；我们的英美士兵们像兄弟一般，融合在一起并肩作战。奖赏就在他们前方。昨天，的黎波里共卸了六千三百吨物资。蒙哥马利正在厉兵秣马，严阵以待。

你帮忙将（西西里的）作战日期订于6月，我不胜感激。虽然有人会说近期战事一定会影响这一计划，但事实证明，这些战事对计划的实施毫无影响。

请向总统转达我最热情的问候。

1943 年 2 月 24 日

首相致艾森豪威尔将军（阿尔及尔）：

收到你亲切的来信，我十分感激。我坚信卡塞林一役终会胜利。

1943 年 2 月 25 日

现在罗斯福总统又卧病在床了。

前海军人员致罗斯福总统：

我衷心希望您一切都好，您定会早日康复。纠缠我已久的高烧终于退了。我希望能永远摆脱它。祝您一切顺利。

1943 年 2 月 27 日

＊　＊　＊

在我自己疾病缠身之时，我不得不心系另一位病人的健康状况，报纸上刊登的都是有关他的报道。我还在开罗时，印度总督在战时内阁全权授权下，逮捕并拘禁了数百名印度国大党党员。2月初，甘地宣布将绝食三周。他被拘禁在浦那的一座小宫殿，那里的条件很好，英国医师和他自己的印度医师不分昼夜地谨慎看护他。甘地固执地坚持继续绝食，所以世界上最活跃的媒体纷纷开始报道他即将离世的消息。然而，可以肯定的是，在他绝食初期，每当他喝水时都会被喂入葡萄糖，再加上他旺盛的生命力以及一生的艰苦修行，在绝食的情况下，甘地虽然体质虚弱，却可以维持生命。几乎所有总督府行政会议的印度籍成员都要求释放甘地，并因我们拒绝释放他转而以辞职的方式进行抗议。最后，确定我们态度坚决且绝无转圜的可能后，他便放弃了绝食。尽管他十分虚弱，但是健康状况并没有大碍。

我将这件事情的始末详尽地告诉了总统，美国方面也并未向我方施压。这一事件使我当时倍感焦虑，因为甘地先生的圣徒品格在印度已得到公众的仰慕，如果他去世，那将对整个印度产生深远影响。然而，我们对时事的判断十分正确。

＊　＊　＊

这时，斯大林寄了一盘有关斯大林格勒胜利的影片给我。影片中，这次战役中殊死搏斗的场景都被完好地记录了下来，还有保卢斯元帅最终投降以及当时他出现在苏联军事法庭上的画面。苏联政府对这位重要的德国战将十分照拂，自此之后保卢斯便为苏联工作了。但对于其他德国俘虏来说，等待着他们的命运就没那么遂心了。在影片中，德军俘虏排成长队，正在一望无垠的雪原上疲惫地行进。

我卧室旁便有一间放映室，大约在2月24日那天，我就能下床看

这部影片了。这部作品价值极高，很好地纪念了东线战场上这光荣的一幕。作为回礼，我将我们刚刚制作完的关于阿拉曼战役的影片《沙漠大捷记》寄给斯大林元帅、罗斯福总统和各自治领政府。与苏联的那部影片一样，这些影像资料都是由摄影师在激烈的炮火下拍摄的，有些人因此失去了生命。他们的牺牲并不是毫无意义的，因为他们的劳动成果激起了各个同盟国成员的敬佩和满腔热情，也让我们在共同事业中变得更加团结。

我向仍在病中的总统写道：

我附寄了《沙漠大捷记》的影片给您，希望您能收下。我昨晚已看过这部影片，感觉非常不错。它真实地记录了战争场面，我知道您定会对影片中参战的"谢尔曼"式坦克十分感兴趣。我让人将这部影片空运给您，以便您能尽早看到。

得知您身体抱恙，我很难过。希望您已完全康复。我现在感觉好了很多，希望很快就能全心投入到工作中去。

向尊夫人、哈里和您本人致以诚挚问候……

总统回信道：

尊敬的温斯顿：

《沙漠大捷记》是战争中摄制得最好的一部片子了。因为这里的每个人都对这部影片充满了热情，我特地为白宫工作人员放映了一场，因为市民们都在讨论这部片子，所以今晚还会为内政部职员特别放映一场；而且我了解到，十日之内，这部电影就会在电影院上映。它定会取得极大成功。

我觉得我是得了昏睡病或冈比亚热，又或是在那个你们称为巴瑟斯特的鬼地方被虫子咬了。这病让我浑身无力，我在床上待了四天，且其间吃了许多磺胺噻唑才退了烧，还让我浑身出汗，整个人仿佛是一块湿抹布。每天下午两点之后我就觉得难受，就这样忍了一个星期，之后我就去海德公园住了五天，那里的气温是零度，天气很好，在这种天气下我完全康复了——我上周就回来了，自那之后我就感觉精力充沛，斗志昂扬。

安东尼与我共度了三晚。他可真是个能人。从卢西尼亚聊到花生生产，我们简直无话不谈！

耐人寻味的是，对于所有话题，我们能同意对方百分之九十五的观点——这倒是个很不错的平均数。

他似乎觉得您与下议院领导的关系会处理得不错，我们也很关心您与外交部相处得怎么样。我们担心，他回国之后将不承认您对外交部所做的一切了。

为了整个世界考虑，请您在这些天里切勿过分操劳。您须谨记，您需要断断续续休息一个月的时间，才能够完全恢复气力。

哈里身体无恙，这里一切都好。

请告诉尊夫人，我卧床休息的时候可是彻头彻尾的模范病人，也告诉她我希望你们忘掉我们报纸中说的，我是"世界上最糟糕的病人"这一说法。

愿上帝保佑您。

1943 年 3 月 17 日

第三章

THREE

苏联与西方盟国

苏联的胜利——英美的努力——芬兰的形势——艾登先生在华盛顿同总统的会谈——我们为维系北极运输船队所做出的努力——斯大林开始领会到我们在突尼斯作战的重要性——卡廷：波兰军官们的命运——斯摩棱斯克附近的俘虏营——不祥的沉默——麦斯基先生来访——波苏关系破裂

1943 年的春天标志着东线战事发生了转折。甚至在斯大林格勒大败德军前，苏军就以排山倒海之势全线横扫德军。高加索的德军巧妙地撤退，一半撤至罗斯托夫，剩下的在诺沃罗西斯克和库班半岛上形成了强大的滩头阵地。苏军把敌人逼离顿河一线，把他们赶过了顿涅茨河，而这里正是希特勒去年夏天进攻的起点。北线，德国再次兵败，退守在距离莫斯科二百五十多英里的地方。苏军也打破了列宁格勒的封锁线。德军及其附庸国在人员和物资方面都遭受巨大损失，1942 年夺取的城市也丢失了。现在德军占领的土地并不比苏军多。空军方面，德军必须考虑到日益壮大的英美空军，可从英国和非洲起飞执行任务。

如果斯大林前来卡萨布兰卡，三个盟国本可以面对面地拟定共同计划。但他并没有来，我们就只好继续通过电报讨论了。1 月 26 日我们把在卡萨布兰卡会议上做出的军事决议告诉了斯大林。

罗斯福总统及首相致斯大林主席：

1. 我们与军事顾问一同开会，通过了英美军队在 1943 年前九个月采取军事行动的决议。我们希望您能立即获悉作战计划。加上你强有力的进攻，德国在 1943 年一定会屈膝投

降。为达成这个目标我们当竭尽全力。

2. 我们确信，正确的策略是集中兵力打败德国，且都认为首先要早点在欧洲战场取得决定性的胜利。同时，必须对日本继续施加足够大的压力，以此保证我们在太平洋和远东地区的作战主动权。此外，援助中国，防止日军向其他战场扩张，比如贵国沿海诸省。

3. 我们主要想把德国陆军和空军的精锐部队从苏联前线引开，以便我们向苏联输送大量的补给物资。为此，我们不遗余力，通过现有的各条路线向你们运输物资。

4. 当前我们打算在北非肃清轴心国势力，建立永久性海空军设施。这样做有两个目的，首先是打开一条经由地中海的高效通道，方便军事运输；其次，对位于南欧的重要轴心国目标继续进行猛烈轰炸。

5. 我们已通过决议，尽早在地中海进行大规模两栖作战。准备工作正在进行，其中会涉及集结大量武装力量，也包括在埃及和北非港口的登陆艇和船只。

此外，我们会在英国集结强大的美国陆军和空军。时机一到，这些力量和英国的军队一起将再次进入欧洲大陆作战。敌军当然会知晓这一切，但他们不会知道我们打击的时间、地点和规模。因此，敌军势必会将陆军和空军调至法国、低地国家、科西嘉、撒丁岛、西西里、意大利东南部、南斯拉夫、希腊、克里特岛和多德卡尼斯群岛等地的海岸。

6. 在欧洲，我们会快速加强对德国的轰炸。到今年仲夏，轰炸力度会翻倍。根据我们目前的经验来看，白天轰炸能摧毁大量的德国战斗机。我们认为，在白天和夜间加大打击力度并加快打击速度会增加德军的物资损失，损害其士气，这样很快就能摧毁敌军的空中力量。您也知道，在西欧和地中海地区，我们已经牵制了一半以上的德国空军。我们确信，加强多样化的空中打击，再加上正在进行的其他行动，这样

会迫使德国空军和其他部队进一步从苏联前线撤退。

7. 在太平洋战场，我们计划在接下来的几个月内将日军逐出拉包尔。然后乘胜追击，向日军发起全面进攻。我们同时也打算扩大缅甸战场的规模，从而能再次打开为中国运输补给物资的通道。另外，我们也打算立即向中国增派空军。然而，尽管我们要进攻日本，但这也不能耽误我们利用一切机会，争取1943年在对德作战中取得决定性胜利。

8. 我们的主要目的是调动尽可能多的海陆空三军来向德国和意大利进军。

1943 年 1 月 26 日

另外，我一回国，征得总统同意后，就发出了以下的补充说明：

1. 在东突尼斯共有二十五万德意军队。我们希望，最晚也要在 4 月间将其消灭或是驱逐出去。

2. 上述行动如在 7 月或更早成功，我们就计划夺取西西里，目的在于肃清地中海敌对势力，加速意大利覆灭，并直接对希腊和南斯拉夫产生影响，从而削弱德国空军。这次行动后紧接着就是东地中海行动，有可能会是攻打多德卡尼斯群岛。

3. 上述行动涉及集结所有的船只和登陆艇以及所有受过登陆作战训练的军队，约为三十万或四十万人。一旦登陆港口和基地建好，我们就要将自己的优势发挥到极致。

4. 我们正根据所拥有的最大力量，准备在 8 月横渡英吉利海峡作战。这次行动英美军队都参加。但是登陆船只和进攻用的登陆艇受到限制。如果行动因天气或其他原因延迟，那么 9 月就要准备更强大的兵力。进攻的时间取决于当时海峡对面德军的防御情况。

5. 上述行动都有大量英美空军支援，跨海峡作战会有大英帝国空军协助。这些作战行动合在一起会耗尽英美几乎所有的航运资源。

6. 我与总统已向联合参谋长委员会发出指令：必须以最快速度，最大程度地利用人力、物力增援这些进攻行动。

1943 年 2 月 9 日

几天之后：

首相致斯大林主席：

你们取得了一系列了不起的胜利，今晚为我们带来了顿河上的罗斯托夫已解放的消息，我简直无法向您表达我们对苏联军队是如何的钦佩与感激。我真挚地希望能给你们多一些援助。

1943 年 2 月 14 日

斯大林很快回信：

斯大林主席致丘吉尔首相：

1. 我已收到 2 月 12 日关于英美计划联合行动的消息。非常感谢您对卡萨布兰卡会议决议做出的补充说明。然而，对您的来信，我禁不住想发表些看法，因为像您说的，它也是罗斯福总统的意见。

2. 您的来信明确表明突尼斯作战行动计划在 4 月，而不是 2 月结束。这与您之前的计划相矛盾。我也无须告诉您，如此拖延让人多么失望。在苏联军队仍有能力维持有力的全面进攻的时刻，英美联军在北非比此前任何时候都更有必要采取更有力的行动。如果我方前线和你们同时向希特勒施压，我们可能会取得辉煌战绩。而这种形势将会给希特勒和墨索里尼造成极大困难。如此，西西里和东地中海的作战计划才

有可能会加快进程。

3. 您的来信也清楚表明，第二战场，特别是法国的第二战场，预计8、9月才能开辟。但在我看来，当前的形势要求我们要以最快的速度推进，即您说的在西方开辟第二战场的日期要大大提前。为了不给敌人以喘息之机，我们应在春季或夏初从西线对敌军发起进攻，而不是将此事推迟到下半年进行，这一点极其重要。

4. 据可靠情报，自12月底以来，英美联军在突尼斯因某些原因而使战事推进缓慢；德军已从法国、比利时、荷兰及德国本土抽调二十七个师派到苏德前线，包括五个装甲师。因此，这样做不但没有将德军从苏德前线转移，实现帮助苏联的目的，反而给了希特勒缓和局势的机会。正是因为突尼斯的军事行动有所懈怠，希特勒才能匀出更多兵力对付苏联。

5. 所有的一切都让我们得出了这样的结论：趁希特勒在前线焦头烂额的时候，我们越早抓住这个时机联合作战，就越有理由等着他早日败北。除非我们思虑周全，除非我们为了共同的利益利用当前时机，否则很有可能让德军利用喘息之机再次集中兵力，之后便会再次恢复元气。很明显，我们每个人都不愿意让这样的事情发生。

我认为有必要把这封回信也寄一份给罗斯福先生。

非常感激您对解放罗斯托夫的热情道贺。我军今日已攻克哈尔科夫。

1943 年 2 月 16 日

接到斯大林的这封电报时，我正在生病。

首相致斯大林主席：

很抱歉没能回复您上次发给我的电报。我本已拟好回信，但我高烧不退，于是觉得暂且放一放更好。过几天我就把有

关战场情况的更多信息发给您。你们目前的仗打得非常漂亮。突尼斯的战事也都顺利。敌人已是强弩之末，即将陷入我军的重重包围之中。此致衷心祝愿。

1943 年 2 月 24 日

总统在 3 月 5 日发给我一份他给斯大林回信的副本：

我已收到您 2 月 16 日的信件。信中提到您在回复丘吉尔先生 2 月 12 日的信件时提出的一些看法。

我同您一样，为盟军在北非的行动未如期展开而感到遗憾。战事被突如其来的大雨打断，道路泥泞，部队和物资很难从登陆港口运抵前线，也无法穿山越野。

我完全理解这次行动延误给盟军共同事业带来的消极影响，也正采取所有可能的措施尽早攻打北非的轴心国军队，以尽早消灭他们。

您也非常清楚，目前美国的运输设施广泛分布在各地，但我向您保证，我们正在尽最大的努力增加船只生产以改善交通。

我也理解尽早在欧洲大陆展开军事行动的重要性，这样就能减少轴心国对英勇的苏军所造成的压力。您可放心，北非得胜后，我们会尽最大努力向苏联提供运输装备，尽早完成欧洲大陆的军事部署。

我们希望你方勇士能继续创造辉煌，这对我们所有人来说都是莫大的鼓舞。

我觉得我应该把整件事情说清楚。

首相致斯大林主席：

1. 罗斯福先生将 2 月 16 日回复您的信件，也给我发了一份。我现在身体已康复，能给您回信了。

2. 我们的首要任务是通过代号为"火神"的行动清除北非的轴心国势力。希望 4 月底前完成此项任务。届时，我们将牵制将近二十五万的轴心国军队。

　　…………

5. 英美联军快速攻下突尼斯和比塞大的努力尝试在 12 月被迫停止，这是受敌人力量增强、雨季迫近、道路泥泞等因素影响。另外，始于阿尔及尔的长达五百英里的交通线以及从波尼出发的一百六十英里的交通线，路况太差，其中还有一段要在法国的单轨铁路上走一个星期。因为敌军的空中打击和潜艇袭击，唯一可行的办法是通过海路小规模运送补给物资。这样在前方区域就不太可能储存汽油和其他物资。事实上，运送的这些补给物资仅仅够维持当地的军队。空军也是一样的情况，临时修建的机场成了一片沼泽。我们停止攻击时，还有约四万德军在突尼斯，这还不包括意军和在的黎波里的隆美尔军队。现在突尼斯北部的德军数量已经翻倍，而且他们正加紧用飞机和驱逐舰运送军队。上月底，一些本地作战行动遭到重大挫败，但现在局面已恢复。我们这次失败导致战事进展延迟，希望蒙哥马利早日进军，弥补这一延误。蒙哥马利军拥有六个师（据称有二十万人），从的黎波里一路打过来，补给充足，足以在 3 月底前攻击马雷斯阵地。3 月 6 日，隆美尔先发制人，而蒙哥马利却后来居上，击退了隆美尔，并给其造成了重大损失。在突尼斯北部的英美军队将配合蒙哥马利作战。

6. 虽然这场战事没法与您指挥的大型作战行动相提并论，但我想您还是想了解此战的细节的。

7. 据英国参谋人员估计，自去年 11 月以来，半数从法国和低地国家遣往苏德前线的师已大部分变为来自苏联、德国还有部分在法国刚刚成立的师。他们估计，当前在法国和

低地国家尚有三十个德国师。

8. 我急切地希望，您能确切了解我们跨地中海或者英吉利海峡进入欧洲作战所拥有的军事资源。这是机密，您一人知道即可。截至目前，英军大部分兵力分布在北非、中东及印度，通过海路运兵回到英国本土并不可行。至 4 月底，除了蒙哥马利将军的六个师外，我们将在突尼斯北部屯兵二十万。现在我们从波斯抽调了两个受过特训的英国师，并从本国抽调了一个师的兵力前去增援攻打西西里，因此共有十四个师。我们在中东有四个机动的英国师、两个波兰师、一个自由法国师，还有一个希腊师。在直布罗陀、马耳他和塞浦路斯，我们有相当于四个常备师的兵力。在印度，除去驻军和边防军外，我们已整编或正在整编十个或十二个师，等待雨季之后再次收复缅甸。因此，从直布罗陀到加尔各答这片长达六千三百英里的广阔地区，散布着由英国指挥的三十八个师，其中包括实力强大的装甲部队和比例相当的强大空军。我们已向所有的这些军事力量清楚、明确地部署了在 1943 年要完成的任务。

9. 一个英国师，包括辎重、作战和通讯部队在内，总计约四万人。英国本土留十九个在编师、四个国防师、四个补充师。这其中有十六个师准备在 8 月参加跨海峡作战行动。您一定得注意一点，英国总人口才四千六百万，首先需要保障的是皇家海军和商船队，因为没有他们，英国人民无法生存。其次是约十二万人的空军。除了上述这些，还需要从事军火、农业和防空方面的人手。因此，英国整个国家的全部成年男女已经或正在投入战争中了。

10. 去年 7 月，美国为进攻法国的行动，曾打算派遣二十七个师到英国，每个师约四万至五万人。自那时起，他们已派遣了七个师前来执行"火炬"计划，另有三个师即将要派过去。在英国，除了一支强大的空军外，只有一个美国师了。我并非是贬低美国为战争所做的努力。去年军队的表现

不如人意的原因并非是没有军队，而是我们手上并没有船只和护航队伍来输送兵力。事实上，在此期间，运往英国的兵力绝对没有超过我上面提到的数字……

1943 年 3 月 11 日

写完一段对德国实施轰炸的情况后，我给这封信写了个结尾：

…………

12. 至于跨海峡作战行动，总统和我都殷切希望我们的军队能参与到你们正以惊人的威力进行的欧洲全面战争中去。但是为了维持在北非、大西洋以及印度的军事行动，并向贵国提供物资，英国的进口已缩减到最低点，我们已经消耗并且正在消耗的是自己的储备。尽管如此，一旦敌军实力足够薄弱，我们还是打算在 8 月前准备好进攻。作战计划每周都在调整。如果敌军实力没有削弱，以我们实力稍逊、兵力不足的军队打一场不成熟的仗，只会导致流血牺牲，同时也会引起纳粹打击报复本地居民——如果他们反抗的话——而这也会成就敌军了不起的胜利。只有进攻时间临近才能判断海峡局势。我在此声明我们的意图，仅供您个人知晓，但不要把这个作为限制我们自由决策的理由。

*   *   *

显而易见，我们能向苏联人提供的最有效帮助就是迅速肃清北非的轴心国军队，并加快对德空战的步伐。斯大林当然重申了开辟第二战场的要求。

斯大林主席致丘吉尔首相：

显然，英美不但没有加紧在北非的行动，反而还将行动

推迟到 4 月底。即便这个日期，也不是很确定。因此，在我们和希特勒的军队作战达到高潮时（2 月至 3 月间），英美在北非的攻势并没有加强；相反，你们根本没有展开攻势，而且你们又决定延期进攻。与此同时，德军成功地将三十六个师（包括六个装甲师）从西线调来对付苏军。显而易见，这给苏联军队造成了困难，也使德国在苏德前线的战局得到缓和。

虽然我已充分意识到西西里的重要性，但我必须指出，西西里并不能代替法国的第二战场。我还是很欢迎你们能加速执行此项作战计划。

我现在的观点和以前毫无二致，仍认为我们的最主要任务是加紧在法国开辟第二战场。您应该还记得，您承诺可能在 1942 年开辟第二战场，而且无论如何都不会晚于 1943 年春季。当然，我在之前的信中就强调过，我们有必要从西面攻击敌军，而且时间不应迟于今年春季或夏初。

苏军整个冬季都在紧张地作战，到现在都没有停歇。希特勒采取了许多重要举措，以补充其军队并增强军队实力，以便在春夏两季对付苏联。在这种情况下，我们不应拖延从西面打击敌军一事，而是在春季或夏初就应发起进攻。

我认真看过您在第 8、9、10 段讲述的英美在欧洲作战遇到的问题。我承认困难的确存在。尽管如此，我认为我有责任强烈建议您，从我们当前的共同事业来看，在法国开辟第二战场一事若是再拖延下去，定将会给我们带来极大危险。我之所以十分不安，就是因为您对英美计划横渡海峡作战一事的陈述并不确定，因而，对于此事，我不能保持沉默。

1943 年 3 月 15 日

*　　*　　*

苏军在春季的战争中打败了德国，苏联政府之所以就战后自己在西方边境的安排问题试探英美外交部，无疑就是因为这个原因。对任何承认苏联在波罗的海地位的提议，美国均非常敏感。另外，芬兰的抗敌斗争得到了美国的大力支持。美国提出，自己愿意就芬兰军队退出战争一事在芬兰和苏联之间进行斡旋。而苏联对美国的该项提议表示拒绝。

斯大林主席致丘吉尔首相：

3 月 12 日，美国大使斯坦德利海军上将代表美国政府，向莫洛托夫先生递送了以下信件：

"为探寻两国之间是否还存在单独和解的可能，美国政府愿意作为中间人在苏联和芬兰之间进行斡旋。"

莫洛托夫问美国政府是否已经知道芬兰渴望和平的消息，是否清楚它的真实意图。斯坦德利海军上将回答说在这个问题上，他不发表任何意见。众所周知，1942 年 5 月 26 日的英苏条约规定，除非两国都同意，否则不得为同德国或其盟国缔结单独和约而进行谈判。我认为这是一项根本的、不能改变的原则。鉴于此，我认为首先我有义务告诉您美国的提议，其次是询问您对这件事的看法。

我有理由相信，芬兰并非渴望和平，想同德国分道扬镳，提出我们尚可接受的条件。在我看来，即使芬兰真有这个打算，现在也还并未逃脱希特勒的魔爪。现在的芬兰政府曾与苏联签订了合约，之后却背信弃义，伙同德国联合攻打苏联。因此，芬兰几乎不可能与希特勒决裂。

虽然如此，鉴于美国政府作了提议，我认为我有责任将上述信息告诉您。

1943 年 3 月 15 日

对此，我做出如下答复：

首相致斯大林主席：

您可以做个明智的判断，在对德战争中，如果芬兰退出会对你们的前线有多大好处。我认为，此举会让苏联能抽出比德国更多的兵力派遣到其他地方。此外，芬兰脱离轴心国可能会对希特勒的其他附庸国产生巨大的影响。

总的来说，我认为只要芬兰人确信德国必败，他们就会急切地想退出战争。如果是这样，那在我看来，在时机也不是完全不成熟的情况下，您可以让美国政府在不泄露你们的利益的前提下，与芬兰接触，询问芬兰准备接受什么投降条件。但只有您才能判断出哪种策略最合适。

1943 年 3 月 20 日

* * *

西西里计划使我们的运输资源变得相当紧张，紧张到必须推迟运输船开往苏联的时间。我们通过仍身在华盛顿的艾登先生同美国人进行磋商。

艾登先生致首相：

我今早见了总统，将您写的关于苏联运输船的消息带给他。由于敌人的部署，总统同意推迟 3 月份的运输船队。尽管如此，他还是对在西西里之战结束后再派船队一事心存疑虑。他认为这对斯大林来说，又多了一重严重打击。他还认为，在接下来的几周，不管出于什么原因，如果敌军集结的兵力有所分散，那么我们仍旧要让船队出航。无论如何，总统会再考虑一下整件事情，不久后会给您亲自写信。

总统也收到了斯大林的来信，和您收到的那封一样，言

辞粗鲁。但这显然在总统的意料之中。

1943 年 3 月 19 日

第二天，我接到了以下信件：

罗斯福总统致前海军人员：

　　既然已知德国的海军和空军在我们 3 月运输船队航行的路线上集结，因此从军事方面判断，我们前往苏联的运输船似乎没有理由要按原定时间启航。再过三四周，可能就有必要告诉斯大林，前往苏联的运输船因西西里战事拖延，直到 8、9 月后才能恢复。但是现在在我看来，迟些将这一坏消息告诉斯大林可能更为明智。再说四五个月之后，局势是否会发生变化，谁也说不准。

1943 年 3 月 20 日

*　　*　　*

不知不觉间，斯大林在与我通信时语气变得缓和一些了。

斯大林主席致丘吉尔首相：

　　我已经收到了您关于突尼斯主要战役的消息。希望英美军队快速斩获大捷。也希望你们能够突破敌军防线，击溃敌军，将他们彻底赶出突尼斯。

　　我同时希望你们能毫不留情地继续加强对德空袭。如能将埃森的废墟照片寄给我，我会十分感激的。

1943 年 3 月 27 日

斯大林主席致丘吉尔首相：

　　祝贺英国空军近期大规模空袭柏林取得成功。

我希望英国装甲兵能充分利用突尼斯形势好转的机会，绝对不要给敌军任何喘息之机。

　　昨日我已与同僚观看了您寄来的影片《沙漠大捷记》，给我们留下了十分深刻的印象。影片描绘了英国作战的场景，场面壮观，影片也指责了那些宣称英国在战争中袖手旁观，没发一枪一弹的卑鄙小人（我国也有这样的人）。我已迫不及待想看你们在突尼斯大捷的影片了。

　　我们会将《沙漠大捷记》放映给在前线的广大将士以及广大人民群众看。

1943 年 3 月 29 日

我觉得，现在是时候告诉斯大林有关运输船队的坏消息了。

首相致斯大林主席：

　　1. 德国人已在纳尔维克集结了一支实力雄厚的作战舰队，包括"提尔皮茨"号、"沙恩霍斯特"号、"卢佐夫"号，还有一艘拥有六英寸口径大炮的巡洋舰和八艘驱逐舰。因此，去年 7 月 17 日我在信中向您描述的苏联护航舰队所遭遇的危险，将会再次上演，而且可能更凶险。我那时告诉您，我认为让英国本土舰队驶到巴伦支海去冒险十分不妥，因为它会受到来自以海岸为基地的飞机和潜艇的攻击，而且还没有足够的防御力量对付它们。我也解释了，如果我们最大型的战舰中有一两艘遭受损失或是严重破坏，而德军"提尔皮茨"号和其他大型战舰仍能作战，那么我们在大西洋的制海权将会遭到破坏，这会给我们的共同事业带来严重后果。

　　2. 因此，罗斯福总统与我做出一个极不情愿的决定，即我们无法掩护下一批前往苏联的运输船队，在明知德军已准备好袭击船队的时候，船队还是在没有掩护的情况下就启航，这些船队是不会到达目的地苏联的。因此，我们下令，将原

定于 3 月起航的运输船队推迟出航。

3. 对于必须推迟运输船队出航一事，罗斯福总统与我本人也都颇为失望。若非德军集结战舰，我们本打算在 3 月和 5 月初分别向苏联派遣一支由三十艘船组成运输船队。同时，我们也认为应该立刻让您知道，过了 5 月初我们也无法由北线继续派遣船队进入苏联。因为自那时起，所有护航船只都将支援我们在地中海的进攻行动，仅留下少量的船只保卫我们在大西洋的生命线。在过去的三周中执行后面一个任务的时候，我们遭到前所未有的重大损失。假设西西里的战事进展顺利，如果德国主要军舰部署条件许可，而且北大西洋形势允许我们提供足够的护航船队及掩护部队的情况下，我们希望能在 9 月初重新派遣运输船队。

4. 我们正在尽最大的努力增加由南路运输至苏联的物资。过去的六个月中，我们每个月输入苏联的物资数量都比前一个月翻了一倍多。因而我们现在有理由相信，这一数字会继续增加，到 8 月份希望增加到二十四万吨。如果这个目标能够实现，那么十二个月内，每月的物资供应量将是现在的九倍之多。此外，美国将会大量增加经由符拉迪沃斯托克运往苏联的物资数量。这个举动多少会缓解一些由暂停北路运输船队带来的失望。

1943 年 3 月 30 日

斯大林主席致首相：

我已收到您于 3 月 30 日的来信，已得知您与罗斯福总统迫不得已在 9 月前停止向苏联派遣运输船队一事。

我认为这一意外之举是灾难性的，会大大减少英美对苏联武器和军需原料的供应。因为取道太平洋运送补给要受吨位的限制，同时线路也不可靠；走南路的话，运量又太小。北路停运所造成的损失，您所提到的这两条运输线路都无法

弥补。

您自然明白，这种情况不可能不对苏联军队的形势产生影响。

1943 年 4 月 2 日

首相致斯大林主席：

1. 我承认，您在电报中所说的关于运输船队的事情都很有道理。我向您保证，我会竭尽全力改善这种情况。我深切感受到苏军身上无比沉重的担子，且深知苏军为我们共同事业所做出的贡献无人能及。

2. 我们于周六派出了三百四十八架重型轰炸机前往埃森，投掷九百吨炸弹，以加大对克虏伯兵工厂的破坏力度。这次打击也很有效，然后我们继续轰炸该城西南部，这个地方之前并未受到严重破坏。昨晚，我们又出动了五百零七架飞机，除了一百六十六架外，其余均为重型轰炸机，所有飞机飞向基尔，投掷了一千四百吨炸弹。这是我们发起的最猛烈的轰炸行动之一。云层比我们预计的要厚一些，但我们希望能击中目标。美军使用空中堡垒在白天进行轰炸，成效也越来越显著。昨日，他们袭击了巴黎附近的雷诺工厂，这个工厂被轰炸前已经又开始活跃起来了。美军除了白天在高空对目标进行精准轰炸外，还向敌机挑衅，诱其出击，然后用空中堡垒的重型武器将其击毁。在这三次行动中，共有四架美国轰炸机以及约三十三架英军轰炸机受损。我必须再度强调，我们对德国的轰炸规模将会逐月递增，寻找目标的把握性也会更大。

3. 就在本周，突尼斯的全面战争将要打响。届时英国第八集团军及第一集团军、美军还有法军均会照计划参战。敌人准备退守到他们最后的滩头阵地。他们已经开始破坏工作，拆除斯法克斯海岸的大炮。面对新一轮的压力，敌人似乎很

有可能快速撤退到正在修筑的一条始于昂菲达维尔的防御工事，该线位于哈马迈特湾。这个新据点直达德军在突尼斯北部的主要前线。据点向西，北翼落在距比塞大三十英里的地中海地区。这个侧翼也是我们的打击点。我应该告诉您战事的进程，以及我们是否能在所谓的"隆美尔集团军"到达其最后滩头阵地前切断其大批军队。

4. 一向顽固的希特勒准备把赫尔曼·戈林师和第九师通过空运运抵突尼斯，所需的飞机超过一百架次。这两个师的先头部队已经到达。因此，我们预计德军会顽强防守突尼斯北部，调动的兵力除去途中损失的以外，约有二十五万。我们的军队无论在数量还是装备方面都远远超过敌军。我们准备不停地猛烈轰炸港口，同时做好所有准备防止敌军作"敦刻尔克"式的逃跑。这对西西里岛的战事也非常重要。占领比塞大和突尼斯约一个月后，我们希望能通过地中海运送补给物资，这样就缩短了从埃及到波斯湾的航程。

1943 年 4 月 6 日

我所做的充分解释和说明并非没有回报。对方的回复比以往要友好得多了。

斯大林主席致丘吉尔首相：

英美联军迅速挺进突尼斯，是与希特勒和墨索里尼作战中的一次重大胜利。希望你们消灭敌人，尽可能地俘虏更多的敌军，缴获更多的战利品。

我们很欣喜地得知你们并没有给希特勒喘息的机会。你们猛烈轰炸德国大城市，大获成功，现在我们继续对东普鲁士的德国工业中心展开空袭。非常感谢您寄来的展示埃森被炸后画面的影片。这部片子和您答应寄过来的其他片子都会在我们的军民中广泛放映的。

你们本已打算取消运输补给的船队，但还是给我们送来战斗机，这于我们大有裨益。您提出运送六十架配备四十毫米口径机炮的"旋风"式飞机，我们对此事十分感激。我们现在非常需要这种飞机，特别是在我们应对重型坦克的时候。希望您与哈里曼先生能确保迅速将飞机顺利运抵苏联。

您提到英国设立了援苏基金会，对此我国人民非常感激英国人民的情谊以及对我们遭遇的同情。请代我向身为该基金会负责人的尊夫人表达诚挚的谢意，感谢她为此事做出的不懈努力。

1943 年 4 月 12 日

* * *

现在，苏联政府与流亡在伦敦的波兰政府之间产生了嫌隙。德军和苏军占领波兰之后，虽然波兰并未与苏联交战，但按照 1939 年 9 月签订的里宾特洛甫—莫洛托夫协定，成千上万的波兰军人向并未同波兰交战的苏联投降并遭到苏联的监禁。根据之后制定的纳粹—苏联协定，苏联将许多被拘禁的波兰人移交给了德国，以供德国强制劳动使用。根据《日内瓦公约》，军官级的俘虏不应该遭受如此待遇，在斯摩棱斯克地区的三个俘虏营，苏联拘禁的一万四千五百名波兰人中，有八千人都是军官。这些人中很多是波兰的知识分子，包括大学教授、工程师以及被动员后去服后备役的知名人士。1940 年春季之前，有关这批俘虏的消息还会断断续续地传来。从 1940 年 4 月起，这三个营地就笼罩在沉默中。一连十三或十四个月，关押在这里的人，一点消息也没有。他们确实是在苏联的控制之下，但从没见到过他们的信件，听说过他们的消息，或出现过逃俘现象，没有关于他们的只言片语的报道。

1941 年 6 月 20 日，希特勒突袭苏联，苏波关系一夜间发生改变。他们成为同盟。以前被关在苏联监狱，经受严刑拷打的安德斯将军以

及其他波兰将领，现在都被释放，沐浴更衣，受到热烈欢迎，同时在波兰军队中担任高官。这支波兰军就是苏联当时为抵抗德国侵略而建立的。这些波兰人一直为那三个营地里的大批波兰军官的命运而感到担忧，他们要求释放这些人，以便这些人能加入这支新建的波兰军，对于这支军队来说，被关押在那三个营地里的人可是无价之宝。从苏联各地大约已找到四百名军官，但现在归德国管制的三个营地里却一个都没找到。波兰人多次询问，但是他们的新盟友一直没有做出任何解释。波兰领袖们现在已经能够接触到苏联政府人士了，他们一同工作，苏联人也帮他们组建军队。他们察觉到苏方官员在许多场合都颇为尴尬，但是依然没有有关这三个营地的约一万四千五百名战俘的消息传来，也从未有幸存者露过面。这自然就让波兰人对苏联政府产生了猜忌，也使两国之间产生了摩擦。

战争还在继续。德国仍然占据着那三座营地所在的地方。将近一年的时间又过去了。

1943 年 4 月初，西科尔斯基来唐宁街 10 号与我共进午餐。他告诉我，他有证据表明是苏联政府处决了这一万四千五百名落入他们手中的波兰军官以及其他俘虏，并将这些尸首埋在卡廷附近的一大片树林中。他手中握有大量证据。我说道："如果他们已经去世，你是没有办法让他们起死回生的。"他说自己无法阻止民众说话，他们已向新闻媒体披露了所有信息。在伦敦的波兰内阁在没有知会英国政府他们的意图的情况下，就于 4 月 17 日发布了一则公报，称他们已经与瑞士的国际红十字协会接洽，请求其派代表团前往卡廷展开实地调查。4 月 20 日，波兰驻苏联大使奉本国命令，询问苏联，对于德国人的说法，他们作何解释。

4 月 13 日，德国人通过收音机公开控诉苏联政府谋害了三个集中营的一万四千五百名波兰人，同时提议对这些人的生死在现场展开国际性调查。波兰政府被这一计划吸引不足为奇，但国际红十字协会在日内瓦宣布，除非其收到苏联政府的相关邀请，否则单凭德国指控，他们是不会展开调查的。因此，德国自行展开了调查，从德国控制下

的国家招来专家组建委员会，写了一份详细报告，称在大片坟冢中发现了一万多具尸首，而且尸身上发现的文书证据及在坟墓旁的树的树木龄表明，处决日期应当是在 1940 年的春季，而那时该地区还在苏联控制之下。

最终在 1943 年 9 月，苏联再度占领卡廷地区。他们收复斯摩棱斯克后，派了一个由清一色苏联人组成的委员会，调查卡廷的波兰人死亡事件。他们在 1944 年 1 月发布了报告，称因为德国人进军迅速，这三个集中营没有及时撤离，于是这些波兰俘虏就落入德国人手中，之后惨遭屠杀。若是要让人相信这种说法，那么我们就得接受这样的事实，即这批在 1940 年春季之后就没有任何消息的将近一万五千名波兰军官和士兵，在 1941 年 7 月落到德国人手中，之后被杀害，而且没有一个人从中逃脱并向苏联政府或波兰驻苏联领事，或波兰地下运动组织通风报信。我们回忆起当时因德国入侵场面十分混乱，营地的守卫定会在德军兵临城下时逃走，还有后来苏联和波兰在两国合作期间也会有所往来，那么对此结论相信与否似乎就取决于信仰了。

＊　　＊　　＊

我难得去一趟恰特韦尔，为的就是在自己的乡间别墅过夜。电话铃响了，说苏联大使必须马上见我，已在途中。麦斯基来到时，异常不安。他给我带来斯大林的信件。信中说既然流亡伦敦的波兰政府发文支持恶意指控，认为苏联大规模屠杀波兰军官战俘，那么 1941 年达成的协定就应马上废止。我说，在我看来，波兰人现在提出并支持这种说法并不明智，但我真的希望此等愚蠢错误不会导致他们与苏联决裂。我就此草拟了一封电报发给斯大林。麦斯基继续争辩说这一指控何其荒谬，也列出了种种理由证明苏联确实不可能犯下如此罪行。我已通过各种渠道听说过许多说法，但是我并没有打算跟他讨论事情的真相。"我们必须打败希特勒，"我说，"现在可不是争吵和指控的时候。"但是我说的话和做的所有事情，都没能阻止苏联政府和波兰政府决裂。他们关系的破裂造成了诸多不便。不论如何，我们已经让很多波兰军人及其家眷撤出了苏联。这类善意行动还在持续进行，而且我还在波斯组织、装备了三个波兰师，并让安德斯将军担任指挥。

在纽伦堡审讯德国战犯时，戈林和其他人的起诉书也提及了在卡廷谋杀波兰人一事。但戈林向法庭提交了德国调查的白皮书。相关战胜国政府决定回避此事，因而卡廷谋杀案从未进行过详细调查。苏联政府也并未乘此机会澄清这令人发指、人们也普遍相信的指控，也没有把这个罪名盖棺定论，推到德国人身上。当时德国的一些政要正坐在被告席上，等待他们的生死判决。纽伦堡国际法庭的终审判决书中并没有提及纳粹如何对待战俘。因此，每个人都有权坚持自己的观点；而且，在目前仍流亡在外的波兰领袖们出版的多部书中，这样的资料肯定不会少，尤其是在战后成为第一届波兰政府成员、波兰前主席米科莱契克先生所著的书中，安德斯将军也写过类似材料。

第四章

FOUR

于突尼斯大获全胜

蒙哥马利将军推进至马雷斯防线——进攻开始了——敌人右翼转移——德意军队撤退——我军袭击阿卡利特阵地——亚历山大改变计划——美军进入比塞大——敌军开始崩溃——坎宁安海军上将防止敌军从海上撤退——海军的出色战斗——地中海重新通航——掌控北非沿岸——胜利的规模——二十五万名俘虏——我接到国王的亲切来电

2月的最后一周，亚历山大将军接任全线指挥。同时，根据卡萨布兰卡协定，特德接管了盟军空军。之后，突尼斯战役便达到了高潮。艾森豪威尔将军担任最高指挥官，但其指挥部位于阿尔及尔，距离战场约四百英里，英、美、法联军作战行动复杂，很难控制，因此艾森豪威尔将军根本无法进行指挥。必须要有人坐镇前线，所以亚历山大将军作为全权指挥官抵达战场。

亚历山大将军致首相：

我在美军和法军前线待了三天，刚刚才回来。改编、整顿和重组工作正在进行中，但是受敌军在北部行动的影响，这些工作略有耽搁。大致来讲，美军缺乏经验，法军缺少武器。我正派最好的军官对美军进行作战技巧指导，并帮助他们进行战斗训练。至于法军，我已致电国内及中东，要求将必要的武器和轻型装备火速送来，我也在力所能及的范围内给予了帮助。美军在南部击退了敌军并收复了之前的阵地，因而大受鼓舞。我已下令同时在南部发起小规模猛烈进攻，以重获主动权。坦白说，我看到这一局势时，十分惊讶。虽

然安德森本应更快认识到事态真相，也应更快着手做我现在所做的一切，但他直到 1 月 24 日才接管了全线的指挥工作。

我将全军改编成为以下三部分：英法军由安德森指挥，所有美军由弗里登德尔指挥，第八集团军由蒙哥马利指挥。

虽不愿让您失望，但北非要想获得最终的胜利，还任重道远。陆军和空军要做的事情非常多。在北非战事上，艾森豪威尔将军最能帮得上忙。

得知您身体好转，我十分欣喜。祝万事如意。

1943 年 2 月 27 日

* * *

的黎波里港完全投入使用前，蒙哥马利只能率领部分军队向突尼斯前进。蒙哥马利预料到，卡塞林战役一结束，隆美尔定会调转枪口向他进攻。于是蒙哥马利在梅德宁附近的阵地部署了三个前进梯队，分别是第七装甲师、第五十一英国师以及第二新西兰师。虽然他已没有时间布置雷区或是布设铁丝网，但他已部署了不下五百门反坦克炮，准备迎敌。

蒙哥马利将军致首相：

第十军已夺回其所有交通工具，现正由班加西向前挺进。先头部队在 3 月 10 日前将会全部抵达的黎波里，剩余部队将会陆续赶到。3 月 19 日前，第十军全军与我在前沿地区集结。我正要采取必要行动，以便能在当前位置与隆美尔交战。在我做好准备重新对其发起进攻之前，如果隆美尔胆敢做出一些卑鄙行径，我势必会将他赶走。我打算牢牢守住当前的阵地，因为到时候我军向马雷斯发起进攻恰好会需要它。

3 月 6 日，隆美尔发起了四次大规模进攻，其三个德国装甲师全

部加入了战斗。但每次进攻都以失败告终，损失惨重。敌军撤退了，在战场上留下了五十二辆被炮火击毁的坦克。我们没有损失坦克，死伤共一百三十人。大规模使用反坦克炮在与装甲部队交战时发挥出如此威力，真是史无前例。这恐怕是隆美尔在非洲的征战中最惨重的一次失败了。此外，这也是他在此地的最后一次行动。因为他随即就因病被送回德国，由冯·阿尼姆接替他任指挥官。

第八集团军现在正在向前推进，慢慢逼近敌军主要阵地，即马雷斯防线。这一防线长达二十英里，守备森严，是法国在战前为抵挡意大利入侵突尼斯而修建。而现在意大利军却利用它抵御英军！在防线靠海的一端，陡峭的瓦迪济佐就在主要防线前，形成了一道坚固的反坦克屏障；往南有混凝土修筑的炮楼、反坦克战壕和铁丝网，从前线一直延伸至迈特马泰的山丘。我军要想从其侧翼进行包抄，唯一的办法就是绕远路，走特巴戈山和梅拉布山之间的那条峡道。之前法军说过车辆无法在这条路上行驶，但远程沙漠作战大队在1月份进行过勘察，宣布此路可通行，但非常艰难。这支驰骋于非洲战场的吃苦耐劳、高度机动的侦察部队提供的情报还是很有参考价值的。当然，敌人也没有掉以轻心，因为他们已经在此通道筑起了防御工事，并安排了一个德国装甲师和意大利步兵把守。马雷斯阵地前线由六个师驻守，包括两个德国师，第十五装甲师作为后备。考虑到敌军在这一通道所部署的兵力情况，蒙哥马利决定在其计划中再加入一支包抄部队，以便突破这一通道，在敌军前线的后方站住脚跟。

打算攻下这一固若金汤的防御工事，需要两周的时间准备。在此期间，美国第二军夺回了加夫萨并向东挺进。尽管无法攻入海岸平原，但在马雷斯战役期间，美国第二军始终将德军第十装甲师牵制在这条防线上。3月10日，勒克莱尔将军的军队遭受猛烈攻击，敌军是一支由装甲车和炮队组成的混合军队，并有空军支援。在英国皇家空军的协助下，法军牢牢守住了阵地并击退敌军，敌人损失惨重。

因此，马雷斯之战的战场已布置妥当。我们将本次作战行动计划称为"拳击家"。本已下令在白天进行一天的密集轰炸为后面的战事

铺路，但天气恶劣，轰炸机部队直至20日才能出动。3月16日，由第二〇一警卫旅发起的试探进攻以失败告终，而且代价惨重。蒙哥马利加紧实施余下的计划。19日夜间，蒙哥马利在长途迂回行军过程中派出一支由弗赖伯格将军率领，包括第二新西兰师、第八装甲旅和一个中型炮兵团在内的队伍。至次日，即20日晚间，他们已经逼近峡道。

亚历山大将军致首相：

　　由第八集团军执行的"齐普"计划订于今晚执行。舞台已布置好，当该计划拉开帷幕时，您会收到确认信息。美国第二军已夺取加夫萨，第一装甲师正在向梅克纳西挺进。此举目的在于将德军从第八集团军处引开，但到目前为止，对于我军的进军威胁，德军尚未有任何行动。明日我们可能会知道得更多。蒙哥马利明日将会直接与您联系。

　　　　　　　　　　　　　　　　　1943 年 3 月 21 日

亚历山大将军致首相：

　　"齐普。"

　　　　　　　　　　　　　　　　　1943 年 3 月 21 日

蒙哥马利将军致首相：

　　"拳击家"作战计划已于昨日成功启动。新西兰军包围了敌军西翼，今天已到达哈马西南十五英里处，现在正向加贝斯湾进发。昨夜，第三十军向敌军东侧发起进攻，并越过马雷斯阵地的主要障碍和雷区，建立了滩头阵地。第三十军正在拓宽这一滩头阵地，正在利用这一战果。敌军明显打算继续奋战，而我也准备在马雷斯地区与敌军进行一场激烈战斗，这场战斗可能会持续数日。新西兰军在加贝斯湾的行动也许会对这场战役起决定性作用。

　　　　　　　　　　　　　　　　　1943 年 3 月 21 日

就在午夜之前，第三十军对马雷斯防线的沿海部分发动了主攻。第五十师跨过瓦迪济佐，并在对岸夺取了据点。瓦迪济佐比意料中更难以攻克；尽管工兵已经不遗余力地进行了尝试，但坦克和反坦克炮仍旧无法越过。次日，第五十师守住了阵地，但是在 22 日，德国第十五装甲师和德国步兵师发起了猛烈反攻，第五十师被迫撤退。当夜，他们退回到了瓦迪济佐的对岸。

由于正面进攻惨遭失败，蒙哥马利很快改变了计划。他命令之前驻守在马雷斯防线的部队牵制敌人，并将主要兵力调至左翼。第十军和第一装甲师奉命沿同一条漫长而险峻的道路前往峡道，与弗赖伯格会合。与此同时，第四印度师穿过梅德宁以西的迈特马泰山地，开辟了一条新的道路。

尽管弗赖伯格获得了强有力的增援，但突破峡道前往哈马的问题仍难以解决，因为敌军已经意识到风险，用德军第一百六十四步兵旅以及第十五装甲师的部分兵力增援该侧翼。唯有强攻才能通过；为此，西部沙漠空军做出了最大的努力，为第八集团军的所有战斗提供了源源不断的支援。西部沙漠空军的三十个中队，连同其中八个美国中队在内，对隘口的防线进行了一系列猛烈轰炸。3 月 26 日下午，轰炸达到高潮，轰炸机和低空飞行的战斗机对该地轮番轰炸了两个半小时。凭借空中轰炸和强有力的炮火支援，新西兰军和第八装甲师突破了敌军防线。第一装甲师紧随其后，月亮初升之时，他们通过隘口，至拂晓时分，已接近哈马。前有新西兰师，后有第一装甲师，敌军进退两难，虽然他们拼死搏斗，但也只是白费力气。敌军损失惨重，已丧失战斗力，有七千敌军为我方所俘。因此，我方取得了最后的胜利。

蒙哥马利将军致首相：

连续七天的激烈战斗之后，第八集团军已经重创了敌军。敌军在哈马到加贝斯湾战线以南的抵抗力量正在瓦解。我军已占领整条马雷斯防线。

1943 年 3 月 28 日

因为面临着退路被切断的危险，负责指挥这一防线的意大利将军梅斯匆忙撤军，并在距离加贝斯以北十英里处的瓦迪阿卡利特附近重设防线，该防线横跨大海与西边沼泽的中间地带。第八集团军已逼近敌军，但是在其准备好进攻之前，在更远的北方发生了一些重大事件。3月底，位于海岸地带的英国第四十六师开始进军，经数日战斗，收复了之前的所有失地。巴杰以东的英国第四师和第七十八师也战胜了敌军。两周之内，迈杰兹以北的整个阵地已大部分收复，占领的地方一直延伸到当时在德国进攻下被迫撤退的那道防线。3月31日，美国第二军再度强势插入加夫萨至加贝斯湾的公路，向前推进，给在瓦迪阿卡利特的敌军后方造成了威胁。美军虽未顺利突破，但本次行动使得德国第二十一装甲师增援了第十装甲师，该行动取得了重要成果。因此在我军对瓦迪阿卡利特发起攻击之时，这两个师皆忙于应付美军，无暇顾及其他。与此同时，战术空军对敌方机场展开了一系列袭击。我空军大获全胜，并最终将敌方空军逐出了突尼斯。

　　　　　　　　　　＊　　＊　　＊

　　亚历山大将军于4月5日将详细计划交给了艾森豪威尔将军。截至4月6日，第八集团军开始为新一轮的进攻作准备。瓦迪阿卡利特本身就是很大的屏障，其周围有北部群山俯瞰，形成了一道天然而坚固的防御工事。蒙哥马利以他自己的方式指挥着炮兵。破晓之前，他下令让英国第五十和第五十一师以及第四印度师在密集炮火支援下，向敌军发起了猛烈进攻。敌军不断反击，直至夜幕降临，我军才取得了本次战役的胜利。

　　蒙哥马利将军致首相：
　　　　今日清晨，我对瓦迪阿卡利特据点的敌军发起猛攻。我做了两件从未做过的事情，一是对敌军阵地中心发起进攻，二是在没有月光的黑夜发起进攻。本次攻击由三个步兵师发

起，由四百五十门大炮支援。敌军遭到突袭并被打败，我军已攻克所有目标。我正命包括新西兰师以及一个装甲师在内的第十军从这一打开的缺口通过。在我发电报的时候，这一行动才刚刚开始。在为时仅六小时的激战之后，我军已俘虏敌军约两千人，接下来还有更多的俘虏。

我会尽力将该地的敌军消灭干净，让敌军损失惨重。如此一来，敌军在后方阵地用于作战的军队和物资便会更少一些。激烈的战斗仍在进行，敌军从突袭战中恢复过来的时候，可能会殊死一搏。但他们再也无法在瓦迪阿卡利特阵地上战斗下去了，因为我军已深入阵地中心，并控制了所有重要据点。

我军阵容庞大，作战英勇。

结束此地的战斗后，我将向北推进。

1943 年 4 月 6 日

第二天我们又在通往北方的公路上继续追击敌人，现有的全部英美战斗机狠狠打击了撤退的敌军部队。4 月 7 日，第四印度师的一名巡逻兵遇到美国第二军的一名巡逻兵。美国兵说："你好！林米①。"印度师巡逻兵虽没有听懂，但却极其友好地接受了。两军从相距几乎两千英里的地方出发，现在终于会师了。就在同一天，为了切断敌人向北逃窜的退路，英国第九军连同英国第六装甲师、第四十六师的一个旅和美国第三十四步兵师，试图冲破封都克隘口。我们已占领皮雄，但直到 9 日，装甲师才穿过敌军防线，在与德国第十师和第二十一装甲师交战取胜之后，于 11 日进入凯鲁万。

尽管我军第六装甲师的英勇行动无疑加快了敌军的撤退日程，但敌军在即将与第八集团军交战时却撤退得非常巧妙。的黎波里交通便

---

① 美国海军对英国水兵的流行称呼，源于英国军舰上为预防坏血病让士兵饮用的柠檬汁。

利，可它却在三百英里外，斯法克斯有港口设施，距离我们又相对较近，因而斯法克斯对我军来说就变得重要了，所以，我军在 4 月 10 日占领斯法克斯，两天后攻破苏塞。4 月 13 日，在昂菲达维尔北部山区，也就是敌人的最后阵地，两军短兵相接。我军试探性进攻后，发现这个据点守备森严。

我们已经占领前沿机场，所以艾森豪威尔将军便能加强对突尼斯海上和空中的封锁。随着我军海上封锁的加强，敌军更多地使用了飞机。每天都有大批敌军运输机在战斗机的掩护下到达。这些目标极为诱人，我们自己的战斗机——有英国的，有美国的——将其作为首要目标。4 月 10 日和 11 日，据称有七十一架敌军运输机被击落。18 日，敌军由一百架飞机组成的庞大运输机队，在邦角外遭到我们的"喷火"式飞机和四个美国"战鹰"式航空中队的袭击。运输机队在一片混乱中散落各处；逾五十架飞机被击落。第二天，在敌军的十八架飞机中，有十五架被南非"小鹰"式飞机击毁；在 4 月 22 日又有三十架被击落，其中包括许多装载着汽油的飞机，它们全都燃着熊熊火焰坠入大海。希特勒的一意孤行以失败告终，德国现在已经无力再提供更多的飞机了。再也没有敌方运输机敢在白天飞行了。但敌方运输机此前也取得了巨大成果。1942 年 12 月到 1943 年 3 月这四个月的时间里，他们向非洲运送人员四万余名，运送物资一万四千吨。

亚历山大摸清昂菲达维尔阵地的实力后，决定从西面向突尼斯发起主攻。他已将美国第二军从南部前线抽出并于 4 月第一周调至此地，替换了驻守在从巴杰到海边一带的英国第五军。英国第一装甲师从第八集团军调至第一集团军。但是，第八集团军依然肩负着牵制昂菲达维尔前线敌军的任务。主攻尚在准备阶段时，第八集团军就于 4 月 19 日晚与三个师一道，在炮兵和空军的大力支援下，发起了进攻。双方经过两天激战后，我军战果颇为可观。但我们也越来越清楚地看到，要想在这个方向继续取得战果，我们必然要以惨重的伤亡为代价。

＊　　＊　　＊

4 月 22 日，第一集团军发起主攻。在右侧，即古拜拉特以南，第九军与第四十六步兵师、第一和第六装甲师一同前进；北面是第五军，第一、第四、第七十八师。他们越过迈杰尔达河，向马西考特前进。他们与敌军激战五天，虽未粉碎敌军的抵抗，但也使其遭受了惨重损失，还攻下了重要据点。这一据点在一周后就派上了用场。英军南边是法国第十九军，他们占领了弗基林山；而北边的美国第二军于 23 日发起进攻，朝马特尔稳步推进。尽管战场地形对美军作战造成很大困难，但他们仍一直坚持不懈地向德军施压，使其节节后退。

亚历山大将军致首相：

今日我与蒙哥马利开了个长会。考虑到作战地形极其复杂，且敌人为了对付第八集团军在海岸地区集结了实力强大的炮兵，我们断定，向布菲舍推进的行动会伤亡惨重，这场行动代价极大，而且还胜负未知。因此，我决定取消蒙哥马利本次的大规模作战行动。第八集团军将在当地积极行动，其主要目标是阻止敌军从这一前线调兵前往第一集团军前线。第四印度师、第七装甲师、第二○一警卫旅今晚起开往第一集团军处。在所有可用空军和炮兵的支援下，第五军可能于 5 月 4 日对迈杰兹—突尼斯城连成的轴线一带发动猛烈进攻。第九军连同两到三个装甲师将绕过第五军，目标直指突尼斯城。我对此次进攻信心十足，必将取得决定性战果。

最后两天，敌军对第四和第一师前线以及美国第二军前线持续反攻。第五军前线的战斗尤为激烈残酷。当地有些地区在我们与敌军间曾数度易手。第一师和第四师均战况良好，我军阵地也大致完好。敌军损失惨重。他们在反扑中数次使用坦克，约有七辆 VI 型坦克被击毁。

举个敌军殊死抵抗的例子。赫尔曼·戈林师的五十名士兵刚投降，其中就有一名士兵说服了其他人拿起武器再战，于是，所有人随即展开战斗，直至全部战死。

因克罗克将军负伤，霍罗克斯接任指挥第九军，弗赖伯格接任指挥第十军。

1943 年 4 月 30 日

首相致斯大林元帅：

突尼斯北部仍在激烈交战，双方都伤亡惨重。从我军进入突尼斯以来，已俘获敌军约四万人，敌军伤亡三万五千人。第一集团军伤亡约两万三千人，第八集团军约一万人。盟军伤亡共计约五万人，其中三分之二是英国人。战火在整条战线上继续猛烈燃烧。亚历山大将军正在重新整编军队，准备立刻发动猛攻。敌军虽有近二十万人被包围，但敌军仍在持续增援。我们的空军实力不断壮大并且逐渐逼近敌军，就在前几天成功拦截敌方援军，击沉大量驱逐舰和运输舰，其中有多艘载有德军援兵，敌军所有运输路线暂时中断。除非能立即恢复运输，否则敌军供给情况将会变得十分严峻。另外，敌军从海路撤退的成功概率不高。突尼斯特有的山地地形，加上凹凸不平、高耸林立的山峰将使平原一览无余，因此要塞遍地。这对敌军的防御有利，但却使我们进军缓慢。尽管如此，希望本月底前能有好消息带给您。同时，考虑到敌军在运输过程中存在额外损耗，那么整场战役对敌军而言，要付出的代价极高。

1943 年 5 月 3 日

* * *

显而易见，我们再出一记重拳，敌人就会溃败。第八集团军于 4

月 24 日发动的最后一次进攻证明昂菲达维尔这个据点不易攻破，除非我们准备遭受重大损失。如我们所知，亚历山大将军已将三个由老兵组成的师调至第一集团军，他们很早就开始在沙漠作战了。5 月 6 日，我军发起了最后一轮进攻。在迈杰兹—突尼斯城公路两侧的狭窄战线上，第九军发起主攻。由第四英印师打头阵，后面紧跟着第六和第七装甲师。左边是第五军，护卫着进攻军队的侧翼。盟军空军再次投入大批力量，当天就出动飞机两千五百架次。轴心国空军在接连数周的作战中已逐渐耗尽气力，在此次危机中仅能出动六十架次飞机应战。巅峰对决即将到来。我军对海上及空中进行了严密封锁。敌军的海上行动已经停滞，空军也已停止行动。下面的内容来自德国方面的报告：

> 英美空军在对敌作战中起了决定性的作用，直接摧毁了德意在突尼斯的滩头阵地。他们参与了地面战，其参与程度前所未有。

第九军干净利落地突破了敌军前线。两个装甲师穿越步兵阵地，抵达马西考特，此处距离突尼斯城还有一半的路程。次日，也就是 5 月 7 日，这两个装甲师继续推进；第七装甲师已进入突尼斯城，然后辗转北进，与美军联手。与此同时，美军主要前线的敌军抵抗力量已遭瓦解，美军第九步兵师也抵达了比塞大。因此，三个德国师遭遇了两支盟军部队的两面夹击，陷入了包围，于 5 月 9 日投降。

亚历山大将军致首相：
> 战事顺利，好得超过了我的预期。为让美军自己防守比塞大，我重新对部队进行改编。如您所知，第一集团军占领突尼斯的同时，美军进入比塞大。我已经派了一个法国团前往突尼斯城接管当地防务，并升起法国国旗。我们巧施妙计，让敌军误以为我们主要进攻南面。敌军确实上当了，因为他们派遣大部分坦克和八十八毫米口径的大炮前往英军第一装

甲师对面，第九军对面的防线因此被削弱。第九军在整支空军的支援下，以大型武器和装甲部队大举进攻：对于敌军来说，这的确是晴天霹雳。最终，第九军在三十六小时内，进军三十英里，抵达了突尼斯城。

轴心国战线已经彻底瓦解。我们还得清理小股德军。截至今日，我军已俘获敌军约两万人，除此之外还缴获了许多枪支、运输汽车以及临时储备物资。我军伤亡不多，坦克损失也不大。据估计，第一集团军伤亡人数约一千二百人。

科宁厄姆和我刚刚从突尼斯城返回。我们在那里受到了当地民众的热烈欢迎。之后我们去了第九军前线，第二十六装甲旅正在向哈曼利夫发起进攻。第一警卫旅正在清理哈曼利夫以南的部分高地。第一英国装甲师已抵达大路。法国坦克也正在宰格万以西执行任务。

现在我们的主要目标是切断尽可能多的敌军，防止其夺取邦角半岛。英国皇家空军表现十分出色，所有部队都斗志昂扬。

1943 年 5 月 8 日

第六装甲师以及紧随其后的英国第四师，连同在其右侧的第一装甲师已向东穿越了突尼斯城，向更远的地方进军。敌人匆忙在突尼斯城东部海边峡道组织抵抗，于是我军被拦截，但是他们的坦克已于 5 月 10 日傍晚突围，抵达位于东海岸的哈马迈特。在他们后方，第四师荡平了邦角半岛，没有遇到任何抵抗。所有剩余敌军已在南部被我军一网打尽。

亚历山大将军致首相：

科宁厄姆与我乘汽车和飞机巡视了比塞大和突尼斯城之间的区域，刚刚返回。这个区域的地面散落着敌军车辆、枪炮以及各类设备，有些是被丢弃的，更多的是损坏了的。共

关押俘虏五万人，并且即将还会有更多的俘虏被关进来。截至目前，我军已俘虏九名德国将领。第一集团军的先头部队已于今日下午六时抵达古兰巴利耶。如果走运，所有抵抗第八集团军的轴心国部队将会悉数投降。

1943 年 5 月 10 日

首相致亚历山大将军：

摧毁德意在非洲的力量要通过一系列的战役完成，这个担子又落在你肩上了。过去的六个月中，你从阿拉曼到突尼斯城，一路征战。你与能力超群的副司令蒙哥马利为英联邦和大英帝国的史册增添了辉煌的一章。你们在大决战中的配合会作为军事技术的典范永载史册。更重要的是，你懂得如何鼓励士兵，让他们充满自信与热情，这让他们克服了所有的艰难险阻，经受住了所有疲累与磨难。现在可以告诉他们以及值得信赖的美国、法国盟军战士与飞行员们，全体英国人民和整个大英帝国对他们以及他们的丰功伟绩是多么的钦佩与感激。第一集团军与第八集团军的武装斗争已取得胜利，一切荣誉都属于你们大家，属于你们每个人。

1943 年 5 月 10 日

亚历山大将军致首相：

……我预计在接下来的四十八小时内，敌军组织的所有抵抗都将土崩瓦解。轴心国的全部兵力将在两三天内全部清除。我估计，到目前为止，俘虏人数已逾十万，但这一数字尚未得到证实，而且俘虏的数量仍在不断增加。昨日，我见到德国人自己驾着一辆满载士兵的双轮马车来到了关押俘虏处。他们经过时，我们都不禁大笑，他们也笑了。整个事件倒更像是大赛马会那样。我们需要一些时间对各种设备进行清点——有些设备已经损毁，但许多都完好无损。

仅少数几人乘飞机逃走，除此之外，没有敌军逃脱。

我们救回了被俘的两千名人员，包括伤员在内。一切都进展得遂心如意，也预示着前途一片光明。

1943 年 5 月 11 日

首相致艾森豪威尔将军（阿尔及尔）：

在你的英明指挥下，我军在北非战役中战绩卓越，虽然英王陛下与战时内阁已向你表示过祝贺，请允许我再度向你表示衷心祝贺。

在突尼斯激烈而漫长的战役中，你以同志之谊以及高超的指挥才能维系着参战部队；英美军队与法国盟军之间在这场大战中互相体谅，关系极为和谐。所有这些都为胜利奠定了坚实的基础。

英美军队携手同进突尼斯城与比塞大，预示着世界的未来充满希望。希望他们能够永远并肩而行，打倒人类的暴君与压迫者。

1943 年 5 月 11 日

艾森豪威尔将军致首相：

就您对我以及盟军部队展现出的坚定的支持与信心，昨天我给您写了一封信，聊表我对您的深深感激之情。今日，您那封暖心的电报到了。很遗憾我无法用语言来表达我的欣喜，只能说句"谢谢您"，并向您保证，这支军队将战斗不止，直至希特勒主义从地球上消失。

1943 年 5 月 11 日

首相致吉罗将军（阿尔及尔）：

看到法国军队打败我们共同的敌人，胜利前进，并将数千德国俘虏送往后方，我们所有人都欢欣鼓舞。请接受我衷

心的祝贺，尽管法国军队装备不良，但在你的指挥下，他们在防守时仍然不屈不挠，进攻时前赴后继，展现了其战斗精神。祝一切顺利。

1943 年 5 月 12 日

＊　　＊　　＊

坎宁安海军上将已为最后摧毁轴心国做足了准备，并在 5 月 7 日令麾下所有海军前往海峡巡逻，以防止轴心国上演"敦刻尔克"式撤退。此次军事行动的代号为"报复"，这的确名副其实。8 日，坎宁安海军上将发出信号："击沉，焚毁，破坏。不能让任何船只通过。"仅有几艘驳船试图逃走，但几乎全部船只不是被俘就是被击沉了。驱逐舰、海防舰艇与皇家空军一道，不分昼夜，果断地执行任务。总共有八百七十九人投降，目前已知仅有六百五十三人逃跑，大多数是在夜间乘飞机逃走的。我军损失可忽略不计。

直到一个月后，我访问阿尔及尔时，才得以对海军所有部门在本次胜利中所做的贡献做出公正评判。

首相致坎宁安海军上将：

我军潜艇英勇果断、勇于献身，顺利击沉敌军船只四十七艘；海面舰队击沉四十二艘，总吨位达二十六万八千六百吨。再加上空军击沉的船只数量，共有一百三十七艘，总吨位达四十三万三千四百吨。据估计，这相当于轴心国在突尼斯战役开始时可用舰只数量的百分之三十二。

在大陆上漫长的斗争中，海军与空军密切配合，击沉驱逐舰与鱼雷艇共计二十一艘，小艇多艘，并成功拦截了百分之三十五的敌军补给船与运输船，使其无法抵达突尼斯。

因扫雷艇从 5 月 9 日到 21 日清理了长达六百英里的海峡，地中海得以重新通行，扫雷艇也因此载誉而归。

我们运输船队的护卫工作达到了最高水准。在 1942 年 11 月 8 日到 1943 年 5 月 8 日间,进入地中海的船只损失还不到百分之二点二五……

1943 年 6 月 11 日

自 1941 年以来,首支完成穿越地中海航行的运输船队于 1943 年 5 月 17 日从直布罗陀出发,并于 5 月 26 日抵达亚历山大港,其所运物资完好无损。这一航线的重启,使抵达中东的航程缩短了将近九千英里,也代表一般物资运输船的航行时间将会缩短四十五天。

*   *   *

5 月 12 日,我接到了以下电报:

亚历山大将军致首相:

　　战争已接近尾声。我们已经擒获了冯·阿尼姆,俘虏人数将很有可能超过十五万。敌军有组织的抵抗已尽数溃败,仅有小股敌军还在坚持。看起来我们缴获的大炮数量将逾一千门,其中一百八十门为八十八毫米火炮,另外还有二百五十辆坦克,以及数以千计的汽车,其中有许多仍能使用。今天一整天,德军俘虏驾驶着自己的车辆形成了一列列纵队,密密麻麻地行驶在从古兰巴利耶到迈杰兹艾尔巴布的公路上。

　　我下一封电报就是此次战役正式结束的标志。我希望,这份电报能在几个小时之后就发出。

1943 年 5 月 12 日

第六装甲师与第八集团军已于当天会师。包围圈已经合拢了。敌军也已放下武器。用亚历山大在急件中的话来说:

敌军驾驶着自己的交通工具或是征用的马车，排成长列向西寻找战俘营。这场面简直让人惊呆了。

5 月 13 日，下午两点十五分，他向我发出信号：

阁下：

　　我有义务向您报告，突尼斯战役已经结束。敌军所有抵抗行动均已终止。我们现在是北非海岸的统治者了。

* 　　 * 　　 *

　　没有人能怀疑突尼斯战役的重要性。因为守住了突尼斯城就是守住了斯大林格勒。敌军有将近二十五万士兵被俘。诸多人员的牺牲给了敌军沉重打击。他们三分之一的供应船只被击沉。非洲的敌军已被肃清。一个大陆得到了救赎。在伦敦，民众也是首次在战争中真正振奋起精神。议会以尊敬与热情的态度接待了诸位大臣，并以最热烈的言辞向这些指挥官们表达了谢意。我曾要求所有教堂鸣钟。但很遗憾，我没能听到钟声。我还有更重要的事要到大西洋彼岸去办。

　　接到国王陛下发给我的这封亲切来电时，我已经身在白宫了：

　　非洲战役已画上光荣的句号。我想跟你说，我深刻地体会到，战争的最初设想以及后面能成功实施计划，在很大程度上，靠的是你的远见卓识以及你在早期面临困难时那份坚定的决心。此次非洲战役，你对英国，甚至是所有盟国都恩重如山。

国王乔治
1943 年 5 月 13 日

第五章

FIVE

第三次访问华盛顿

需要召开一次英美会议——乘"玛丽王后"号航行——我们为"三叉戟"会议做准备——我们需要占领大西洋的岛屿——抓住胜利果实——土耳其和巴尔干各国——同意大利单独媾和的好处——必须解除苏联的重负——横渡海峡的进攻——苏门答腊的尖端地带——击败日本的长期计划——在"香格里拉"度周末——总统的木屋隐居处——战争中的转折点——"我们挽救了一个大陆"

一旦非洲局势已定,我就非赶往华盛顿不可,这么做有重要理由。胜利之后我们该如何行动?仅满足于在突尼斯北部取得胜利果实,还是应该将意大利逐出战争,并将土耳其争取到我们这边?这些攸关命运的问题只能由我与总统进行私人会晤才能解决。为印度战场制订行动计划也很重要,其重要性仅次于以上这些问题。我意识到,表面虽然平静,但其实底下暗藏着严重分歧,如果这些分歧得不到妥善解决,那么在 1943 年余下的时日里,它们会给我们造成严重困难,让我们行动无力。因此,我决定召开一次或许是最高级别的会议。

4 月 29 日,我致电罗斯福总统:

在我看来,我们必须共同解决以下问题。首先是西西里问题,以及之后扩大战果的问题,其次便是鉴于我们经验不足、船只紧张,缅甸战役如何继续下去的问题。我们二人也可以趁此机会提出其他棘手问题。我觉得,我能设法在 5 月 11 日,也就是周二,前去与您会面。请告诉我,您是否愿意这样安排,还是您更愿意派你方人员前来,当然后者对我们

来说更容易安排一些。

*　　*　　*

医生不希望我乘轰炸机在高空飞行。而且因为冰冻，北路航线的快速水上飞机要到 5 月 20 日后才能起飞，因此我决定乘船前往美国。我们于 5 月 4 日晚离开伦敦，次日在克莱德河口登上"玛丽王后"号轮船。这艘船能满足我们所有的需求，令人赞叹。整个代表团都住在主舱，这部分舱室与船的其他部分是隔开的。办公室、会议室，当然还有地图室，一应俱全，全都已配备妥当，可以立即投入使用。从上船开始，我们就在不停地工作。

"玛丽王后"号上采取了各种巧妙的防范措施，以掩饰我们这些乘客的身份。船上张贴了许多荷兰文告示，暗示是荷兰女王威廉明娜及其随员正乘坐此船前往美国。通道里还修建了许多引人注目的斜坡，以便轮椅可以平稳地通过。这样做是为了制造谣言：在返航时，美国总统及大批参谋将乘这艘船前往英国。传言越多，我们就越安全。这些掩饰计划相当有效，以至于几位乘"玛丽王后"号前往美国参加热泉市粮食会议的内阁职员在船上见到我们时，都目瞪口呆。大约五千名德国俘虏已在船上。有人建议将他们转移到其他船上，但我看不出他们会对我们造成什么伤害，因为船上管理得当而且俘虏手无寸铁。所以在其他人向我提起这件事的时候，我就下令，让俘虏与我们同乘一艘船前往美国。

*　　*　　*

我曾将本次会议命名为"三叉戟"，会期至少持续十四天，会议内容将涵盖战争的方方面面。因此我方必须派出庞大阵容出席本次会议。"正式出席人员"已全体出动，包括：参谋长委员会的诸多参谋；莱瑟斯勋爵同军事运输部的高级官员；伊斯梅同国防部成员。印度总

司令韦维尔陆军元帅、萨默维尔海军上将、皮尔斯空军上将也与我们同去。我召集他们参会，是因为确信美国盟友必定迫切希望我们想尽一切可能的办法——甚至是不可能的办法——立即从印度方面采取行动。这些人员即将被派去负责这些任务，无论他们负责的任务是什么，本次会议都必须要直接听取他们的意见。

在抵达华盛顿前，我们还有许多事情需要在内部解决，而现在，我们大家又都待在同一层甲板上。因此，联合计划部和参谋部几乎一直在开会。参谋长委员会每天都要开一次会，有时甚至一天开两次会。我坚持着一贯的做法，每日清晨以备忘录和指令的形式向他们传达我的意见，通常在每天下午或是晚上与他们讨论一次。在船上这段时间，研究、修改、辩论工作一直在进行，并慎重地做出了许多重大决定。

我们必须立即对所有战场进行考量。在非洲战役胜利之后欧洲战场的作战计划方面，我们的意见完全一致。在卡萨布兰卡会议上，我们决定攻打西西里，而且如上文所述，一切早已准备就绪。参谋长委员会深信，攻占西西里后，应进攻意大利本土，或是两者同时进行。他们提出，应先在意大利趾形地区占领一个滩头阵地，然后再对踵形地区发起进一步攻击，这两地的行动均是为进军巴里和那不勒斯铺路。我们在船上准备好了陈述这些观点及其论点的文件，并在抵达华盛顿时递交给美国参谋长委员会联席会议，以此作为我们讨论的基础。

* * *

要就英国军事行动第二大活动区域，即从印度展开行动，与美国盟友达成一致，我们预计会遇到更多的困难。在卡萨布兰卡时，双方已一致同意，以在 1943 年 5 月前攻占阿恰布为目标①，从阿萨姆邦迅速进军，夺取新的出发点，从而改善航空路线与空运的情况。我们暂定于 1943 年 11 月 15 日对缅甸发起进攻，具体视 7 月份的可用兵力情

---

① 代号"食人者"。

况决定。这些都已记录在案，但事实上我们并没有行动。进军阿恰布失利，而且要想在雨季前攻占该地现在也已不可能。由于后勤上的种种困难，从阿萨姆邦进军也未能成行。虽然空运已有增加，但是我们的资源无法满足全面发展的空运路线，以及从陆上进军缅甸中部的需求。因此"安纳吉姆"计划在 1943 年与 1944 年间的冬季无法进行，这一点显而易见，无须争论。

我深知，这些结论定会让美国人十分失望。美国总统及其幕僚对中国仍旧期望太高，认为如果给中国军队提供足够的武器和装备，他们就会充分发挥出军事实力。他们还过于担心，如果不及时支援中国，它就会濒临覆灭。但我从头至尾都不喜欢沿阿萨姆邦糟糕的交通线进军夺回缅甸的计划。我讨厌丛林——它们无论如何都会落入胜利一方的手中，还要思考关于空军、海军、两栖作战以及重要据点等问题。然而，我们的盟友不应认为，是我们在完成卡萨布兰卡会议上制订的计划方面做事懈怠，而应当相信，我们已经准备好要竭尽所能地满足他们的愿望，这对整个伟大事业来说非常重要。因此在航行刚开始的几天里，我准备了一份非常长的文件，内容涉及印度及远东范围内的整个局势，尤其是由我们主要负责的那些地区。

　　……我们所有人都认为，根本不可能在 1943 年执行先前计划好的"安纳吉姆"行动。参谋长委员会正在寻求变通方法或是替代方案。针对这些方法和方案，可以提出一些概括性意见。

　　5. 进入沼泽遍布的丛林与日本人作战，就如同潜入水里与鲨鱼搏斗一般。将鲨鱼引诱到渔网里或者引它上钩，然后拖出水面，放在干燥的土地上后，再用斧头剁，这才是上策。那么如何才能把这条鲨鱼骗到渔网里？

　　6. "火炬"计划非常具有战略价值，这就迫使或是诱使敌军在消耗最大的战场作战。这场战役的胜利不仅让我们获得了重要的领土、基地，并成立了一支最终大概有八个或是

十个师的法国集团军，还打通了地中海航线，让我们在海上交通的关键航线上能自由通行。所以，我们是否能够在美、英、荷、澳战区内夺取一个或多个战略据点，迫使日军在不利的情况下发动反攻？为此，我们必须巩固盂加拉湾的制海权。然后，必须以我们夺取的重要据点为中心，建立有效的海岸基地制空权。这样一来，兵力相对较少的军队就能各自为战。如果敌军大举来犯，这些小股兵力难以应对，我们可按照整个计划增援我方人员或是令他们撤退。

7. 要想登陆成功，最可靠的方法便是在敌人意想不到的地方登陆。如果有需要，我们可以运载三万或四万士兵穿过盂加拉湾，前往毛淡棉到帝汶岛之间的新月形地带的某一据点或更多据点。这一新月地形地带包括：（1）安达曼群岛；（2）丹老，目标是曼谷；（3）克拉地峡；（4）北苏门答腊；（5）苏门答腊的南端；（6）爪哇。

8. 上岸并经过认真准备建立一个强大的空军基地的重要性在选择登陆方式时应首先考虑到。没有必要总是在作战的第一阶段就攻下真正的目标。在海岸基地空军的有效掩护下，或许更有把握在第二阶段拿下真正的目标。但无论在哪种情况下登陆，如果遇到抵抗，只有在各级航空母舰提供大量空军支援的情况下，才可以成功夺取目标。一旦建立海岸空军基地（不论是临时的还是永久的），这种海上的空军掩护便可调往他处。对于敌军来说一旦失去这些关键据点，即便只夺取一个，也会逼迫敌军为夺回据点展开行动，并将兵力分散部署在漫长的海岸线上，这样，敌军便会暴露在我海军的威胁之下。只有对某个据点发动猛烈攻击才能迫使敌军分散开来。否则敌军就会以逸待劳，在选好的最佳防御位置上占据优势。我们应满怀希望，研究所有替代方案，下定决心克服真正的困难，排除众多阻碍行动的想象中的困难。

9. 一旦我方摧毁了意大利舰队或是让它转为中立，并且

确立了跨越地中海航线的制空权，那么英国海军的精兵强将便可以用战列舰、航空母舰和辅助舰重建东方舰队。我们决不能夸大日本的实力。他们绝不可能每个据点都足以抵抗空军支援下的海上进攻。而且日本空军的力量正在逐步衰弱，在太平洋战场上与美国和澳大利亚交战后，日本空军一定承受着巨大压力。攻击一个据点，便能轻松迫使敌军兵力进一步分散。

10. 据我方报告显示，在全长六百英里的苏门答腊岛上，日军仅有两万人左右，而在爪哇约有四万人。之前这两地的守军比现在日军的兵力还要多，但就是在这种情况下，日军以少胜多，攻占了苏门答腊岛和爪哇岛。为什么我们不能以同样的气势制订和执行作战计划？我们的可用兵力更多；凭借实力雄厚的海军力量，我们在选择进攻目标上几乎没有任何限制，而且我们也应该从过去十五个月里发生的事件中吸取到了不少经验教训。所以，我们不应满足于制订一些微不足道的计划。那些计划只能说是聊胜于无。

11. 不管上文提到的情况如何，但在即将举行的会议中，我们应该小心谨慎，不要轻易同意任何特定计划。确实，偏见会使每一个计划变得不可信。所以，我们首先应该让盟友正视需要修改"安纳吉姆"作战计划的原因。我们应当坚决宣称，我们热切希望按照卡萨布兰卡会议规定的先后顺序和重要程度在该战场上坚持战斗。我们还应当欢迎他们就其他方案发表观点。只有讨论进行到详细论证阶段，我们才会参与。在我看来，要想让美国人满意，我们需要在这一战场上采取最大规模的行动，并且还要发自内心地认为其重要性无可替代。美国人一旦打消了疑虑，就会准备考虑变通方法和替代方案。因此，我们现在必须做好研究工作。

12. 拟定击败日本的长期计划，并在人力允许的条件下，统筹安排该计划与对付希特勒的主要战斗的各阶段，我承认，

这样的时机已经到来。

13. 近期缅甸战役进展得不如人意。在1943—1944年间，这种情况绝不能再大规模出现。除非我们对自己的能力完全有信心，能够按计划在合理的时间实施作战，否则我们必须采取仅有的两种替代行动方案，即（1）大幅增加对中国的空中运输；（2）按照我在第七点提到的，进行海外远征，夺取一个或多个关键据点。

我们内部没有严重分歧，参谋长委员会已准备好一份声明，以便在华盛顿交给美方参阅。

* * *

我们面临的另一个棘手问题是，如何才能获得葡属大西洋岛屿的使用权。我们需要在亚速尔群岛获得便利条件，以便远程和极远程飞机能从特塞拉岛和圣米格尔群岛展开行动。我们还需要获得葡萄牙的许可，以便在圣米格尔群岛或法亚尔岛为我们的护航舰补充燃料，并能让我们的侦察机自由使用佛得角群岛。所有这些便利条件都能让空中掩护力量为我们的运输船队提供更好、范围更广的掩护，从而扩大安全航线的范围。这些岛屿能让我们更顺畅地在大西洋中部穿行，从而增加运输船队的运输量。这些岛屿还有助于我们攻击敌军的U型潜艇，不仅是往来于比斯开湾基地的潜艇，还有在大西洋中部休息、加油、充电的潜艇，我们都可以对付。我们会发现，美国人在这些方面比我们要热心得多。

* * *

5月8日我致电斯大林：

我此刻在大西洋上，正在奔赴华盛顿的途中，此行是为了解决攻占西西里后，如何进一步打开欧洲局面的问题，也是为了盟友间消除对太平洋战事的不当偏见，并进一步解决印度洋问题以及在印度洋进攻日军的问题。

我之前曾向总统提议，我应该住在大使馆，而总统却没理会我的提议。我也给他发了一封电报，内容如下：

> 从昨天开始，我们就已处在美国海军的保护之下。你们高度重视我们的生命安全，令我们十分感激。我预计明天下午抵达白宫，并期望周末与您一同前往海德公园。到目前为止，旅途十分愉快，参谋们也完成了大量工作。
>
> 1943 年 5 月 10 日

我们于 5 月 11 日抵达斯塔滕岛。哈里·霍普金斯在那里迎接我们，然后我们立即乘火车前往华盛顿。总统在站台上欢迎我，随后便匆忙带我前往我此前在白宫住过的房间。次日，也就是 5 月 12 日，下午两点半，我们在总统的椭圆形办公室会面，研究并安排我们的会议工作。

总统向我们致了欢迎辞。他说道，距离上次我们在白宫聚首，并着手研究"火炬"计划的准备工作，还不到一年。在火炬计划即将圆满结束时，我们再次相聚，这也合情合理。在卡萨布兰卡会议上，我们就已着手筹划"哈斯基"战役，总统预祝该计划也会同样有好运。他认为，我们当前计划的主旨应当是利用一切人力和物力对抗敌人。凡是能为战争所用的资源绝对不允许闲置。

然后总统请求，由我提出议题展开讨论。根据会议记录，我的讲话如下：

> 首相回忆道，自他上次坐在总统的办公桌旁，听到托布

鲁克沦陷的消息以来，形势就变得异常凶险了。他永远都不会忘记当时总统支持他的态度，并且慷慨地将"谢尔曼"式坦克交给他，这些坦克在非洲一战成名。现在，英国遵照卡萨布兰卡会议的决定前来参加本次会议。由于我们取得胜利，可能有必要对卡萨布兰卡会议上做出的决定进行调整，这也能让我们将目光放得更为长远。"火炬"行动已经结束，攻占西西里在即，接下来应该做什么？我们过去集思广益，才得以创造一系列光辉的事迹，改变了整场战争的进程。因为胜利，我们获得了权力与威望。我们的责任就是要加倍努力，紧紧抓住胜利果实。两国参谋间唯一待解决的问题是孰轻孰重和孰先孰后的问题。他十分确定，这些问题都能得到解决。

　　他没有提议讨论解决对付德国潜艇以及对德国进行空中轰炸的问题。在这些议题上，英美两国并没有分歧。他想要提出的是一系列目标，以及随后可能需要集中研究的一些问题，以供商讨。第一个目标就在地中海。在这里，最大的成就便是用最有效的方式将意大利逐出战争。他回想起在1918年，德国本可以撤退到默兹河或莱茵河并继续作战，但保加利亚的倒戈让德军整个组织架构轰然垮塌。意大利的覆灭会让德国民众产生孤军奋战的凄凉感，这也可能是他们厄运的开始。意大利退出战争，即使不会立刻让德国覆灭，也会产生极大影响。首先受到影响的，便是一直在地中海地区与意大利对峙的土耳其。美苏英三国向土耳其提出联合请求的时机到了：允许他们使用土耳其境内的基地，使我军能够从该基地出发，前去轰炸普洛耶什蒂并清理爱琴海。如果意大利退出战争，并且我们选在德国不能对土耳其采取强有力的行动时提出该请求，土耳其一定会同意的。意大利出局也会严重影响到巴尔干。在这里，各国爱国人士因受到包括超过二十五个意大利师在内的大批轴心国军队的压制，身处困境。如果这些意大利人退兵，那结果就是，德国要么不得不放弃

巴尔干半岛，要么必须从与苏联交战的前线抽调大批兵力填补这一空缺。这是今年能大幅度缓解苏联前线压力的最佳途径。意大利舰队出局后，大批英国战列舰和航空母舰分舰队就能开赴孟加拉湾或太平洋与日军作战。

而关于地中海的某些问题已初露头角。我们是否需要攻打意大利本土，还是通过空袭就能将其击败？德国是否会守卫意大利？意大利是否会成为我们的经济负担？首相认为答案是否定的。反对全面征服意大利的论点，是否也同样适用于为了与南斯拉夫建立联系的"踢踏舞式"的作战行动呢？最后，对于英美两国政府来说，还存在着一个重大政治问题。即假如意大利毫无保留地归顺我们，战后我们应当为它提供什么样的生活？丘吉尔先生说，如果意大利单独媾和，我们无须战斗就能获得撒丁岛和多德卡尼斯群岛的使用权。

第二个目标是减轻苏联的沉重负担。虽然北极运输船队已经停运，但斯大林的态度让丘吉尔深受感动。在斯大林最近的演说中，他首次承认他的盟友，即我们做出的努力和取得的胜利。但我们不应忘记，在苏联前线还有一百八十五个德国师。我们已在非洲重创德国陆军，但不久后，我们就不会在任何地方与德军交战，因而也就无法牵制部分德军，减轻苏军负担。苏联付出的努力实在巨大，我们对他们也亏欠太多。在 1943 年，减轻苏联前线压力的最佳方式便是让意大利退出战争或是击败它，以此迫使德军派出大批军队压制巴尔干各国。

第三个目标总统在其开幕词中就已提及，即我们要动用大批陆军和空军对付敌军。所有计划都应用这一准则进行评判。在英国，我们有一支庞大的陆军和本土空军战斗机部队。在地中海地区，我们有最精良、经验最丰富的部队。在非洲的西北部，仅英军就有十三个师。假设在 8 月底前就能攻克西西里，而到七到八个月后（在 1944 年）才能首次发动横渡

海峡的战役，那么在中间这段时间，这些兵力应当做什么？他们肯定不能无所事事，而且长时间的无所作为，必定会对负担过重的苏联产生严重影响。

丘吉尔先生说道，他不能假装在海峡沿岸登陆的问题已经得到了解决。波涛汹涌的险滩、敌军的防御设施、敌军储备兵力的数量及其便利的交通设施，这一切因素都使我们不能低估该任务。但攻打西西里一役，我们会从中收获许多经验。有一点他希望大家要绝对清楚，那就是英王陛下政府诚挚希望，一旦制定了极有可能会成功的合理计划，便担负起从英国大规模进攻欧洲大陆的任务。

接下来的目标是支援中国。显而易见，在缅甸作战困难重重。当地树木丛生，会妨碍我们使用现代化武器。雨季会严重限制作战时限，而且海军无法参加该地的战斗。如果进一步的研究表明，绕过缅甸会更好，那么丘吉尔就会急切希望能找到其他办法，以利用驻扎在印度的大批兵力。他认为，在攻打苏门答腊和马来半岛中部的槟榔屿时，可能会找到替代方案。他热切希望，曾在"火炬"计划中很有价值的优越条件，能在这个战场上找到方法加以利用。在"火炬"计划中，海军威力得以充分发挥；发动袭击可以完全出其不意；我们能够夺取重要领土，不仅为我方带来了一支新的军队，还迫使敌军在对自身极为不利的地方作战。这些条件可以应用在其他地方。

他认为，现在是时候研究击败日本的长期计划了。他想重申英国要将战争打回日本本土的决心。唯一的问题就是怎么做才能做到最好。在他看来，美国的参谋长联席会议应在德国将于1944年退出战争，而且我们可能会在1945年集中力量击败日本这一假设的基础上，领导联合研究……

总统在回应中指出，同盟国在生产上已超过德国和日本。因此，

继续维持大批陆军及海军积极战斗十分重要。他对土耳其持乐观态度。该国参战可以为我方空军行动提供重要基地，以袭击德国通往苏联前线的交通线。我们迫切需要考虑的是"攻占西西里后，我们下一步该如何行动？"的问题。显然，在地中海地区保持驻守的英美部队在二十个师以上十分必要。鉴于以后可能会在地中海地区作战，攻占意大利后，必须谨慎研究盟军资源消耗问题。无论如何，"哈斯基"行动结束后，定会有富余人员。这批人员应立即用于推进"波莱罗"计划。在他看来，所有人都一致认为，本年度我们不可能横渡海峡作战，但是这一作战行动必须要在1944年春季以最大规模展开。

罗斯福总统称，日军在太平洋地区的实力正在衰退。美军已在阿留申群岛登陆，也正在展开在所罗门群岛和新几内亚的行动。集中火力对准日本远洋运输线尤为重要。自本次战争开始，日本损耗的船只总吨位已达一百万吨，而且如果这种情况继续下去，他们的作战范围定会受到限制。而且，在空军方面，日本也遭受类似损失。总统称，会议忽略了中国沦陷的可能性，这并不合理。必须考虑在1943年和1944年优先向中国提供援助。仅收复缅甸是不够的，只有通过空运才能使中国立即获得援助。为此，必须不惜一切代价守住在阿萨姆邦的机场。加强在中国基地活动的美国空军，就意味着增加对日本航运的压力。总统在结尾说道，为减轻苏联负担，我们必须牵制住德国人。为此，他对攻占意大利一事提出质疑，因为这会使德国部队有机会前往其他地方作战。在他看来，迫使德国作战的最佳途径就是发起横渡英吉利海峡的作战行动。

我回答道，我们均同意要到1944年才能横渡英吉利海峡作战，这样一来，大举进攻意大利势在必行。我认为没有必要攻占意大利全境。因为只要意大利溃败，同盟国就能占领它的港口和机场，以便进一步在巴尔干和欧洲南部展开行动。在同盟国的监督下，一个意大利政府就可以控制这个国家。

我们的联合参谋长及其专家正在研究、解决所有这些重大问题。

*　　*　　*

5月15日正值周末，总统提议我们不去海德公园，而是前往"香格里拉"。它位于马里兰州凯托克廷山上约四千英尺高的地方。为了避开华盛顿的闷热和喧嚣，只要一有机会，他就会来这里小住。乘车前往"香格里拉"需要花费三小时，关于车中座位的安排，我们起了争执。考虑到总统的身份以及他虚弱的身体状况，适合他的只有一个座位。总统夫人希望能坐在前面一个小座位上，让我坐在总统身旁。我不愿意，然后"大英帝国"就出面进行了调解。双方互相推让，大概过了三分钟，我说服了总统夫人，她才在总统身旁就座，她坐这个位置正合适。哈里·霍普金斯在第四个位置上就座，然后我们就在摩托车队的护送下驱车离开。两小时后，我们行进到了弗雷德里克镇附近。当然，虽说数年前我就参观过葛底斯堡这一著名的战场，但现在我才问起巴巴拉·弗里奇①的故事和她的住宅。这让哈里·霍普金斯吟诵起下面著名的诗句。

> "如果你们非要开枪，
> 请瞄准我这颗头发花白的头颅，
> 但请放过你们的国旗。"她说道。

确定车里没有人能接着背诵下面的诗句时，我开始背诵道：

> 9月的清晨，秋高气爽，
> 田野中的庄稼硕果累累，
> 弗雷德里克镇上尖塔林立……

---

① 巴巴拉·弗里奇是美国惠蒂尔发表于1864年一则诗歌中女主人公的名字，诗中所指的旗帜是美国内战时期联邦政府的旗帜。——译者注

并继续流畅地念道：

镇上最勇敢的妇人巴巴拉·弗里奇，
虽年已古稀又弯腰驼背，
却挺身而出，
拾起了士兵降下的旗帜。
"停！"满身灰尘的褐衣士兵随即立定，
"开火！"步枪一阵扫射，
窗户也为之震动，
国旗上多了许多裂口。
巴巴拉老太太抓住这面绸面国旗，
就像它从断裂的旗杆上坠落那般迅速，
她上身探出窗外，
友好地向前挥舞旗帜。
"如果你们非要开枪，
请瞄准我这颗头发花白的头颅，
但请放过你们的国旗。"

这时，他们齐声念道：

她说道。

我继续背诵道：

指挥官看到这位妇人的言行举止，
脸上流露出一丝悲伤，一丝惭愧，
一种高尚的本能涌上心头。
他说：
"若谁伤及那妇人一根头发，将不得好死。继续前进。"

（据说他曾这般呼喊，语气有别于前）
因此，在弗雷德里克的大街上，
士兵前进的踏步声不绝于耳，
而自由的旗帜，
也在叛军的头上不停飘扬。

这几位高贵的美国听众为我的朗诵打了满分，他们中没有人纠正我许多背诵错了的诗句。我受到了鼓舞，详细地讲述了"石墙"杰克逊和罗伯特·爱德华·李的性格特点，这两位都是美洲大陆上有史以来最高尚的人物。

不久，车在阿勒格尼山脉的山坡上沿着迂回曲折的山道盘旋而上时，我们一行人便陷入了沉默，有些昏昏欲睡。我们很快便到达了"香格里拉"，从大体上看，它是一座装有所有现代化设备的小木屋。屋前有一眼喷泉和一池碧水，刚从附近的小溪里捕到的数条大鳟鱼游弋其间，等待着生命的结束。

总统一直盼望着能花几个小时的时间整理他的集邮册。他的私人助手沃森将军给他带来了满满几大本邮票集，还有许多装满了邮票样本的信封，他对这些期盼已久了。有半个小时的时间，我都饶有兴致地默默在一旁看总统把这些邮票一张张贴在集邮册的适当位置，因而，我也忘记了国事的辛劳。但不久后，另一辆车开到门前，比德尔·史密斯将军从车上走了下来。他从艾森豪威尔的总部乘飞机赶来，将许多急需决断的重要事务带过来让总统处理。很遗憾，罗斯福不得不离开他的集邮册，去专心处理公务。傍晚时分，我们十分疲倦，十点钟就已上床休息。

*　　*　　*

本周末讨论的是我与蒋介石夫人的会面一事。蒋夫人正旅居美国，此时正在纽约，她暗示希望与我在那里见面。我在美国期间工作繁重，而且几天后就必须离开，所以我觉得我无法长途旅行前去见她。因此，总统邀请这位夫人与他共进午餐，以便我在白宫与她见面。她有些傲慢地拒绝了总统的邀请，她的意思是我应当前往纽约拜见她。总统得知她没有照自己的计划行事，有些恼怒。而我强烈希望同盟国内部能维持团结，因此提出我们双方各让一步，如果她愿意的话，我们可以在华盛顿至纽约的中途见面。然而她却认为这一提议滑稽可笑。所以开罗会议前，我一直没有兴致和机会与这位夫人会面。

*　　*　　*

周日，总统想要去小溪边钓鱼，那条小溪是从一片秀丽的山林中流出来的。随从小心翼翼地将他安置在一个池塘旁边后，他便设法引诱那些既敏捷又机灵的游鱼上钩。我自己也在其他几个地方尝试了一番。尽管没有鱼上钩，但他似乎十分享受，钓完鱼后，他在当天余下的时间里兴致都很高。他显然拥有垂钓者的首要品格，即以垂钓为乐，无所谓收获多少。周一我们就得离开这凉爽宜人的住处，走下阿勒格尼山脉，回到异常炎热的华盛顿。回程途中经过弗雷德里克镇时，我请求去看看巴巴拉·弗里奇的故居。看到这所房子只有一层半高时，我十分惊讶。在我的想象中，这所房子没有四层楼高，也得有三层。我还认真思考过，这位女英雄得站得离窗台多远，才能平平安安的，不被从街上向上齐射的子弹射中。这是我第一次看到那个著名的窗户，它距离地面仅约十二英尺，显然南部联邦军队得十分小心才能避免伤着她。这个故事就这样皆大欢喜地结束了。哈里·霍普金斯再次庄严地背诵：

> "如果你们非要开枪，
> 请瞄准我这颗头发花白的头颅，
> 但请放过你们的国旗。"她说道。

因蒋介石夫人遗憾缺席，总统与我便在他的房间单独享用午餐，宾主尽欢。

＊　　＊　　＊

应众议院议长邀请，我于周三，即 19 日中午，向国会发表了演说。我上次向这一庄严的国会发表演说，已是十七个月前的事情了。我在演说中尽量讲到各方面的形势，这次演说内容被记录下来，并向全世界转播。我在这里仅引述一段简短的摘录：

> 在北非，我们所取得的成就比我们实际所知道的要好一些。我们在北非的计划竟然得到了敌军的帮助，这真的是出乎意料，因而我们在北非的行动事半功倍。在这件事上，我们必须得感谢希特勒下士的军事知识。正如三个月前我在下议院中预测的那样，我们或许要留心一下这位精英的缺点。他固执又缺乏理性，致使冯·保卢斯陆军元帅及其部队在斯大林格勒惨遭歼灭，现在又同样给我们在突尼斯的敌军带来了新的灾难……
>
> 这两位独裁者远征非洲，造成其本国九十五万将士被杀或被俘。除此之外，还有将近两百四十万吨船舶沉没，约八千架飞机被击毁。而这两个数字还不包括受损的船舶和飞机的数量。敌军还损失了大炮六千两百门，坦克两千五百五十辆以及卡车七万辆……我们的这次行动已经成为这场战争的转折点，所以可以说，"我们挽救了一个大陆。"
>
> 几天前，我乘车经过葛底斯堡的原野，同美国多数战场一样，我对它十分了解。葛底斯堡一役是美国内战中决定性的一战。该战役后，战争的天平到底会偏向哪方，大家都很清楚，没有人会怀疑这一点，但是联邦军队在葛底斯堡取胜后，流的血反而比先前的战斗还要多。因此，为了不失去我

们在与日本、欧洲的希特勒以及墨索里尼作战中已取得的有利地位，我们理应鼓起勇气，振作精神，彼此诚心实意地协商……

　　这次演说深受国会好评，总统在广播中听取了演说，我回到白宫时，他似乎对我十分满意。

第六章

SIX

战争与和平的种种难题

密集召开参谋会议——美国人反感戴高乐将军——处理战后问题的机构——我建议成立世界理事会——我对欧洲的计划——和平的中流砥柱——中立国家和同盟国家——国家武装部队和国际武装部队——英国和美国亲如兄弟般的合作——我极力主张进攻意大利——马歇尔将军与我一同前往阿尔及尔

三军参谋长忙碌于接连不断的讨论。有时候一天要开四次会。起初有些分歧似乎难以克服，而且看上去消弭无望。在此期间，美国高级军官向其民主党和共和党参议员走漏了消息，导致参议院内部进行辩论。但是凭借着我们的耐心与坚持，这些困难逐渐被克服了。5月19日，在向国会发表演说时，我试图从真实的角度，按事情的轻重缓急，将整个局势说给民众听。总统与我住在一起，朝夕相对，大家也都知道我们二人十分默契，而且总统也打算亲自处理一些重要问题。所有这一切再加上霍普金斯所做的极富价值的工作，对参谋人员讨论的整个过程都起着缓和作用，同时也施加决定性的影响。后来，因意见不同所造成的严重危机得到了解决。同时，因为军方人员之间的私人关系相当融洽，因此几乎所有人都一致同意进攻西西里。

缅甸近期的作战情况毫无起色，华盛顿方面和我们都对此极为不满。我考虑过重组印度指挥部的问题，任命韦维尔为印度总司令，奥金莱克为副司令，同时选拔一名最为优秀的年轻军长担任东亚战场的总司令。我确信，如果我们要严肃处理这一战场的种种问题，就不得不做出这些改变。

＊　　＊　　＊

华盛顿方面对戴高乐非常反感。总统每天都向我提及此事，尽管他通常是以友好甚至是开玩笑的口吻说的，但我还是可以看出，他对这件事还是有很强烈的感受。总统几乎每天都会交给我一份或是多份控诉戴高乐的文件，这些文件来自国务院或美国情报机关。文件指出，戴高乐曾用英国的钱财引诱"黎歇留"号战列舰上的水兵归顺他。鉴于我们与美国的财政关系，我们的东道主美国仅是出于礼貌才没有明说，实际上戴高乐在某种意义上用的是美国的钱。当时我对戴高乐也感到非常愤慨。我认为，如果我们继续支持戴高乐可能会导致英美两国政府关系疏远，而这也正是戴高乐所希望的。因此，我极力提醒国内的同僚对此多加注意。在现在这个紧要关头，我们还未确定是否要与这位难缠的人士最后断绝来往。不过，我们还有时间和耐心找出可以接受的方案。

另一大难题是大西洋上的岛屿。关于此事，战时内阁想求助昔日的同盟——葡萄牙政府为我们提供便利。在联合参谋长委员会的强烈要求下，总统与我对此极为重视。据专家估计，如果葡萄牙答应我们的请求，那一百万吨的船只和成千上万人的性命就能得救。我非常尊重葡萄牙的权利，但我认为，我们不仅是在为自己国家的独立和生存而战，也是为葡萄牙而战。直到六个月后，葡萄牙才向我们提供急需的救援，但那时我们已蒙受了巨大损失。不过，我们是通过长期友好的谈判，且在军事方面取得巨大成就的情况下才取得这一成果。

＊　　＊　　＊

5月22日，在英国大使馆举办的午宴上，我与在座人员就战后机构问题进行了重要谈话。我曾要求英国大使邀请那些有必要参与讨论这一重大问题的人士前来赴宴。因此，受邀前来的人员包括副总统华莱士先生、陆军部长史汀生先生、内政部长伊克斯先生、参议院外交委员会主席康纳利参议员和副国务卿萨姆纳·韦尔斯先生，我们已将议题事先通知了他们。大使馆的工作人员完整地记录了本次谈话的经过，同时还记录了我应宾客的正式要求所做的声明。

在全体大会上，我说道，当务之急是必须阻止德国或日本进一步发动侵略。为此，我认为美英苏三国应该成立一个联合组织。如果美国希望中国也与三国一起加入该组织，我也非常乐意。这些大国将会真正承担起和平的责任，并与其他大国共同成立世界理事会。

这一世界理事会应下设三个区域理事会，分别是欧洲区理事会、美洲区理事会以及太平洋区理事会。

至于战后欧洲区理事会，我认为应当由十二个国家或联邦组成。但是从战后理事会的版图来看，如果英苏之间没有强国，那么这种理事会并没有吸引力，所以重建一个强大的法国十分重要。此外，我说我预料美国没有能力无限期地在欧洲维持大量驻军。英国也做不到。毫无疑问，美国需要通过其他途径筹集维和力量，而且英国也要参与其中，共同保卫欧洲。

同时，我还希望东南欧能成立几个联邦，其中包括设在维也纳的多瑙河联邦，以填补因奥匈帝国消失而出现的缺口。巴伐利亚也可以加入这些联邦。此外，还应成立一个巴尔干联邦。

我还说道，我很乐意看到普鲁士从德国分离出来，因为由四千万普鲁士人组成的一个欧洲组织还是很容易控制的。许多人希望能进一步将普鲁士分割为若干部分，但对此我保留我的意见。波兰和捷克斯洛伐克应该联合起来，并与苏联保持友好关系。至于剩下的斯堪的纳维亚各国和土耳其，不管愿不愿意，最后都必须与希腊一起成为巴尔干体系中的组成部分。

华莱士先生问到了关于比利时和荷兰的问题，他认为这两国可以加入法国。我回答道，这两国可以与丹麦联合成立一个低地国家集团。他还问我是否考虑过瑞士加入法国的可能性，我回答说瑞士情况特殊。这十几个欧洲国家应该分别委派一名代表加入欧洲区理事会，从而成

立一个欧洲合众国组织。我认为很有必要将库登霍夫·卡勒吉伯爵对此事的看法告诉他们。

同样，美洲各国也可以成立一个区域理事会，加拿大自然会作为英联邦的代表成为该理事会中的一员。另外，太平洋地区也应该成立一个，我认为苏联将会加入这个组织。当苏联西部边境的压力解除时，就会将注意力转移到远东战场。这些区域理事会应该隶属于世界理事会，而世界理事会的成员国则应列席与其利益直接相关的区域理事会。同时，我还希望美国除了委派代表加入美洲区理事会和太平洋区理事会以外，还应派出代表加入欧洲区理事会。无论如何，世界理事会将保留最终决定权，因为任何区域理事会无法解决的问题都将自动交由世界理事会负责。

华莱士先生认为，其他国家不会同意世界理事会仅由四个大国组成。我同意这一看法，并说道，世界理事会的成员国除四大国之外，还会加上从其他区域理事会轮流选出的国家。这种结构的中心思想就好比是一张三条腿的凳子——世界理事会由三个区域理事会支撑。不过，我非常重视区域性原则。只有自身利益受地区争端直接影响的国家，才会全力寻求解决方案。如果一开始便将那些与地区争端毫无瓜葛的国家也召来参加会议以寻求解决方案，结果可能会使会议成为一场枯燥乏味的讨论。

华莱士先生又问道，以秘鲁和厄瓜多尔为例，如果这两个国家之间出现了争端，应通过什么流程解决。我回答道，首先应交由美洲区理事会处理，但区域理事会始终受世界理事会最高权力的支配。在这个例子中，美洲以外的国家的利益几乎不会受到影响；但显然，威胁世界和平的争端最好还是不要只交给该区域的理事会处理，因此，世界理事会也应介入。

还有人问道，我提议组建的这一国家联盟是否仅限于同盟国加入，还是说中立国也能加入？我回答道，在战争结束之前，试图使现在保持中立的国家加入同盟国是有好处的；而且只要能对相关国家的安全有所帮助，不管是说服还是强迫，我们都应当竭力促成此事。土耳其

便是这样一个例子。我采取的措施是帮助土耳其建立自己的军队，这样一来，它就能在恰当的时候进行有效行动。德·瓦勒拉先生及其他人士直到最后仍然保持中立，当同盟国将犯罪国家带至法庭受审时，我只能看到他们的软弱无能和耻辱。

我接着说道，从国际联盟的经验中我们可以学到很多东西。关于国际联盟失败这一说法是错误的，真正使其失败的是成员国的失职。康纳利参议员对我的说法表示赞同，他还指出了国际联盟在 1919 年之后那几年取得的成就。史汀生先生也同意这一说法，他认为如果当初实现了对法国的承诺，那么法国之后的政策以及联盟的历史将会改写。

显然，维护和平需要武装力量。我建议盟国成员就各国应持有兵力的最低数量和最高数量达成一项协议。各国的军队可以分为两批，一批组成本国的国家部队；另一批则组成国际警察部队，在世界理事会的指导下听从区域理事会的指挥。这样一来，如果欧洲十二个国家中有一个国家威胁到了和平，那么其余十一个国家在必要时将会出动部队对其进行处置。另外，如果世界理事会做出决定，各国提供的国际警察部队就必须承担作战任务，与本国以外的其他国家作战。

华莱士先生说道，我们还需要为这些国际警察提供基地。我说道，我还有一些其他想法能够补充我刚才的发言。我提议成立一个世界安全组织，但我并不排斥其他国家无恶意的特殊友谊。最后，我说道，除非美国和英联邦在联盟中亲如兄弟、密切合作，否则要实现世界和平这一愿望很渺茫。我认为，这种联合可以采取互利的形式进行，两国都无须做出牺牲。我希望两国公民在保留现有国籍的情况下，能在另一国家的领土内享有包括往来、居住和贸易等自由平等的权利。我们可以有通用的护照或是特殊的护照或签证，甚至是通用的公民身份证。持有此证，美国公民和英联邦公民在另一个国家获得居住资格后可享有选举特权，并能担任公职。当然，他们必须遵守当地的法律法规。

接下来是关于基地的问题。我已同意驱逐舰交换基地协议，但这并不是为了那些有用的驱逐舰，而是因为该协议对英美两国都有好处。

正如英国有必要在本国进行防御一样，美国在英国领土内也需要利用这些基地进行防御，因为美国的强大关系着英联邦的切身利益，反之亦然。因此，我希望英美两国能够共同使用基地，为了共同利益进行共同防御。敌军在太平洋地区占领了无数岛屿。然而，英国也在该地区有岛屿和港口。如果战后我还参与处理公共事务，我定会同意美国在需要时将那些岛屿或港口用作基地。

＊　　　＊　　　＊

在座的所有美国贵宾都说，他们都曾或多或少地考虑过我提出的这些方针，而且他们认为要让美国舆论接受这些方针或是诸如此类的想法也不是不可能的。哈利法克斯勋爵询问韦尔斯先生，设立欧洲区理事会是否会使美国对欧洲事务漠不关心。而鉴于世界理事会所承担的最高责任及其与区域理事会之间的关系，韦尔斯先生表示他并不担心这一点。史汀生先生着重强调，在他看来，战争结束后各国就会趋于松懈，且不愿尝试建立新的国际组织。他认为，在战争时期与美国缔结协议会更为简单。事实确实如此。此事只能在战争期间得到处理，否则就永远无法解决。其他人也同意这种看法，且我们一致认为，最好的办法是将这些未来计划当作我们当前合作的延伸内容向美国提出，并在战争期间予以实施。

我还另外提出两条建议：第一，战后我们应该继续进行参谋长联合对话；第二，我们应当保持联系，采取一切必要措施以确保两国外交政策的主要方针紧密一致。大家纷纷表示赞同。

华莱士先生离开时对英国大使说，这是他近两年参加的最鼓舞人心的会议。我自然谨慎地解释道，我只是表达了我个人的看法而已。

＊　　　＊　　　＊

第二天，副总统在同总统和我共进午餐时似乎有些忧虑，他担心

其他国家会以为英美两国试图称霸世界。我清楚地说道，他们不应因这一建议而推迟必要且正当的行动。我的中心思想是即使其他所有国家都不保留通用的公民身份证，英美两国还是会坚持采用。总统喜欢就这些想法展开讨论，尤其是关于军事方面。我们二人都认为，无论如何，我们应当在战后继续保持英美联合参谋长委员会，直到我们确定世界已经安全为止。

* * *

在"三叉戟"会议期间，我们就主要战略问题召开了六次全体会议，总统和我均出席。联合参谋长委员会每天都会向我们提出一些问题，希望我们做出决定，好让他们的辛勤讨论有所收获。因此，一切都进展得很顺利。在 5 月 25 日上午的最后一次会议上，联合参谋长委员会向我们提交了报告，我就此提出了一些意见，他们也纷纷表示同意。最后，我和总统正式批准了修正后的报告，报告内容如下：

进行战争的全面战略思想

1. 与苏联和其他盟国通力合作，尽早使欧洲轴心国无条件投降。

2. 同时，同太平洋相关国家展开合作，继续不断向日本施压以削弱其军事实力并夺取据点，最终迫使日本投降。联合参谋长委员会在采取行动之前，应考虑对整体目标产生影响的所有延伸计划。

3. 在欧洲轴心国战败之时，与其他太平洋国家展开合作，如有可能，与苏联合作，充分利用英美两国的资源尽早使日本无条件投降。

支持总体战略思想的基本工作

为支持总体战略思想，无论采取何种作战行动，以下任

务都拥有资源优先使用权。当然，联合参谋长委员会需根据形势的变化对这些任务进行审核。这些任务包括：

1. 维持西半球和不列颠群岛的安全和作战能力。

2. 维持我军在各地区的作战能力。

3. 维持至关重要的海外交通线，尤其重视解除德国潜艇对我们造成的威胁。

4. 加强对欧洲轴心国的空袭力度。

5. 尽早选定区域并集中最多人力和物力向轴心国根据地发起决定性进攻。

6. 采取必要且可行的措施，支援苏联作战。

7. 采取必要且可行的措施支援中国，使其成为能够在战争中发挥作用的盟国，并成为抗日基地。

8. 为土耳其主动或被动与盟国并肩作战创造条件。

9. 为驻非洲的法军在与轴心国的作战中发挥积极作用做准备。

*　　*　　*

我给国内发了电报，在整个战略领域已达成令三军参谋长非常满意的协议。"这充分证明了总统的权威及我与他的密切关系。"两国参谋长的观点曾一度存在严重分歧。此外，我们希望美国方面做出关于临时调拨船只的承诺，即美国连续十个月每月向我们调拨二十艘新船，这样就能为我们过剩的海员提供充足的就业岗位。如果总统没有否决大量反对意见，此事根本无法实现。

同时，我还就原子弹和英美的研究工作情况致电约翰·安德森爵士。电报内容如下：

首相致枢密院长：

总统同意恢复关于"合金管"的情报交换工作，并将其

视为英美两国的联合事业，双方都将为此尽最大努力。据我所知，他做出该决定是基于这一事实：这种武器很有可能用于当前战争。因此，它也属于包括研究交换与发明机密在内的一般性协议范畴。

此事应告诉彻韦尔勋爵。

1943 年 5 月 26 日

＊　　　＊　　　＊

尽管诸事顺利，但联合参谋长委员会却没有明确提出关于进攻意大利，夺取西西里的建议，这一点让我极为关注。而我收到的最佳方案就是他们所做出的下列决议：

> 紧急指示北非盟军总司令在扩大"哈斯基"作战计划的同时采取军事行动，这是将意大利逐出战争的最佳方式，同时还能最大限度地牵制德军。军事行动种类繁多，至于具体应该采取哪一种以及之后如何实施，留待联合参谋长委员会决定。

我知道，美国参谋长们已经将注意力转移到了撒丁岛。他们认为，撒丁岛是集结在地中海的大军在 1943 年剩余的时间里唯一的目标。但无论是从军事角度还是从政治角度来看，我都强烈谴责这一观点。苏军在其广阔的战线上日夜奋战，他们已经血流成河。而我们拥有一百五十多万精兵及数量庞大的空军和海军，难道就让这些部队在之后将近一年的时间里无所事事吗？

总统似乎并不愿意向其顾问施压，让其对进攻意大利的日程计划得更精确些。但这是我远渡大西洋的主要目的，我不能停顿下来。霍普金斯私下对我说："如果你想贯彻你的主张，你必须在此多待一周，但就算到了那个时候，也不一定能实现。"我对此感到十分苦恼。5 月

25 日，我亲自恳请总统同意让马歇尔将军与我一同前往阿尔及尔。因此，在最后一次会议上，罗斯福先生说到我不久将有机会与北非总司令共同讨论"后哈斯基"计划，并表示如果马歇尔能一同前往，那将会大有帮助。于是，总统转向马歇尔将军，询问他是否能推迟去西南太平洋的访问，从而满足我的请求。马歇尔将军说他非常愿意。

我当时在会上解释道，如果美国最高级别的代表不在场，我在同艾森豪威尔将军讨论这些事宜时将会感到无所适从。如果我们在这种情况下做出了决定，事后人们可能会认为我向艾森豪威尔将军施加了过多的压力。因此，听闻马歇尔将军将与我一同前往，我感到非常高兴，我相信，我们在阿尔及尔能将所有事情安排妥当。同时，我们也会将报告发回联合参谋长委员会供其商讨。

*　　*　　*

当时，大家都已同意让我和总统就会议相关内容起草一份公报交给苏联。我们起草了好几次公报，每次都立刻用打字机打印出来，然后又拿回来修改。我们改了又改，直到稿件被涂改得几乎难以辨认，因为我们也不知道该写什么，不该写什么。最后，在凌晨两点钟的时候，我对总统说："我明天把这份稿件带走吧，我会把它整理好，然后在博特伍德机场发给你。"这让总统松了一口气，他对我的这一安排非常满意。我还说道："如果马歇尔能同我一起离开，那就太好了。飞机上很宽敞。"连续不断的脑力活动已让我们筋疲力尽。于是，我们起身去睡觉。就在这时，马歇尔将军来了。虽然我们已决定将他派去北非，但他显然没有料到会与我乘同一架飞机，或是同时起飞。因此，他过来与我道别。而此时总统却对他说："你怎么不与温斯顿一起走呢？这样的话，你们就可以共同讨论发给苏联的公报。"马歇尔将军听到后感到很意外，随即便欣然地挥了挥手，说道："我到时候会到他的飞机上。"

第七章

SEVEN

向意大利进军

前往直布罗陀的长途飞行——飞机被闪电击中——马歇尔视察直布罗陀的防御工事——黄昏时在阿尔及尔降落——英国在地中海地区的力量——"小鬼"作战计划——至关重要的问题：横渡海峡的袭击——布鲁克将军与进攻意大利——我的迦太基之行——一场悲痛的灾难——形势已经扭转

次日，即5月26日清晨，马歇尔将军、帝国总参谋长、伊斯梅以及我的其他随行人员乘水上飞机从波托马克河起飞。罗斯福总统前来为我们送行。

飞机一起飞，我就聚精会神地修改起了准备发给苏联的公报。因为我和总统在草稿上面涂涂画画做了诸多修改，这些潦草的字迹很难看清楚，所以我就把公报草稿递给了马歇尔将军，而他两个小时之后就交给了我一份整洁的打印稿。这份文件给我留下了深刻的印象，因为它准确传达出了我与总统的想法，而且其内容不仅限于军事方面，而且还涉及了政治方面，均清清楚楚而且通俗易懂。这份文件让我对马歇尔将军赞赏有加。我之前觉得马歇尔就是一位粗犷的军人、出色的军队组织者和缔造者——美国的卡诺①。但是现在我觉得，他是一位对全局有着独到见解并且总揽全局的政治家。我对他起草的文件以及他做的工作十分满意。我给总统写信说，这份文件好得不能再好了；也告诉他，如果他还要修改什么，不需要再经过我同意便可以发送出

---

① 拉扎尔·卡诺（1753—1823），法国拿破仑时代的战略家，极其优秀而成功的军备与后勤天才，被称为"组织胜利的人"。——译者注

去。我们在纽芬兰的博特伍德着陆加油，并在那里将马歇尔的草稿和我的信件一并发回了华盛顿。总统只字未改。

吃过晚饭后，我们的飞机再次起飞。此次航行飞越大西洋前往直布罗陀，航程为三千英里。虽然此次航行看起来距离遥远，但负责随时通知我行程安排的汤普森中校（"汤米"）解释道，我们的飞机基本沿着"大圆航线"飞行，因此，实际航程并没有看上去那么长。飞机起飞时天已经黑了，而我们也正准备睡觉。"波音"式飞机客舱中的双人床非常舒适，我酣睡了好几个小时。但飞机突然发生了意外震动并骤然下降，我也突然惊醒，意识到有事情发生，好在没有造成任何影响，毕竟安全是飞行中最重要的因素。既然已经完全清醒，我便穿上了拉链服，穿过宽敞的机舱中央长廊，爬上楼梯来到了驾驶舱。我坐在副驾驶员的位置。此时月色正好。过了一会儿，我便询问驾驶员飞机骤降的原因。"我们被闪电击中了，"他回答道，"但是并无大碍。"这可是一个好消息。我们的飞机既没有起火，也没有在空中四分五裂；而且还不需要在距离任何地方一千英里处的高空被迫降落。我一直觉得很奇怪，为什么飞机上的人不担心被闪电击中。因为对地面勤务人员来说，被闪电击中是一件非常危险的事情。后来我才知道，当时飞机上的人也很担忧。

我从七千英尺的高空俯瞰下方平静的海面；通常从这样的高度俯瞰，大洋看起来总是那么平静。海面上似乎有一艘不定期航行的小型货船。它的出现，让我产生了一种特别的舒适感。这种感觉让我倍感慰藉，于是我又回到床上继续睡觉，直到天亮才醒来。

由于我爱看黎明的到来，因此，我再次走到飞机前舱。当你乘坐的飞机以每小时一百六十英里的速度向东飞行时，你就会很早见到太阳，而且它会升得很快。在这种长途飞行中，我一向坚持自己的惯例，即根据胃口的需要进餐。早晨醒来之后，我们应该吃早餐，五个小时后吃午餐，吃完午餐后六个小时再吃晚餐。这样一来，我们的作息时间就不受太阳的支配，否则我们处理事务的时间就要受太阳的干扰，而且我们的日常工作也会被打乱。我和马歇尔将军有过几次愉快的谈

话。他详细地问过我关于美国宪法中容许的"弹劾"和英国议院仍保留的"剥夺公权"之间的区别。我轻而易举便让他相信，这一至高无上的程序是有必要保留的。我们二人都利用闲暇时间处理了一些积压的公文。快要抵达直布罗陀时，我们四处寻找周围的护航机，但一架护航机都没有找到。大家都将注意力集中在一架身份不明的飞机上，我们一开始以为这架飞机对我们的飞机感兴趣。由于它没有再靠近我们的飞机，我们便断定它是一架西班牙飞机。但是他们似乎非常关注这架飞机，直至它从我们眼前消失不见。我们的飞机于下午五点左右降落，总督前来迎接我们。当天晚上，由于时间太晚不便继续赶往阿尔及尔，总督将我们带到了他居住的"修道院"，这个"修道院"的修女早在两个世纪以前就搬走了。

关于"修道院"这个名字还有一段故事。总督的住所在 1908 年之前一直被称作"修道院"。然而，就在 1908 年这一年，国王爱德华七世的私人秘书亨利·庞森比爵士写信告诉总督，说国王认为将"修道院"更名为"总督府"更为合适，理由是国王曾在乔治·怀特爵士担任总督期间出访直布罗陀，当时英国报纸对此事有过一段记载，大意是说国王曾在"修道院"用过午膳。十日后，国王收到了新教联合会通过的一份决议。决议称，国王不但认为有必要去访问罗马天主教教会，甚至还在那里用了午膳，新教联合会对此表示非常遗憾。但是国王乔治六世在 1943 年 6 月视察北非的时候，表达了希望将总督的住所重新命名为"修道院"的愿望，因此，现在总督官邸仍被称作"修道院"。

我们次日下午才从直布罗陀出发前往阿尔及尔。因此，我便有机会带马歇尔将军参观直布罗陀。我们巡视了好几个小时，视察了确保永久供应要塞淡水的新蒸馏厂、各种重要的大炮、几所医院以及许多部队。最后，我还到地下参观了总督特别喜爱的地方——新直布罗陀地道。该地道凿在岩石深处，其炮台装有八门快速发射的大炮，并控制着地峡及英国与西班牙之间的中立地区。这条新直布罗陀地道工程浩大。沿着地道走的时候，我们确实觉得无论直布罗陀今后将会面临

何种危险，来自大陆的任何攻击都不再对它造成威胁。总督对这一成就颇为自豪，我们这些来自英国的参观者也深有同感。直到我们登上水上飞机与总督告别时，马歇尔将军才略带犹豫地说道："我很欣赏你们的地道，我们曾在科里几多尔也修过类似的地道。日军用大炮轰炸地道上方数百英尺的岩石，两三天之后，塌下来的大量碎石便堵住了地道。"我对他的提醒表示感谢，但总督却感到非常震惊。他脸上的笑容瞬间消失了。

当天下午，我们的飞机很早便起飞了，且有十二架"勇士"式战斗机在我们上空很高的地方巡逻。我们于傍晚时分抵达阿尔及尔机场，艾森豪威尔将军、比德尔·史密斯将军、安德鲁·坎宁安海军上将、亚历山大将军和其他许多朋友都在那里等候我们的到来。我乘车直接前往坎宁安海军上将的别墅。这栋别墅就在艾森豪威尔住所的隔壁，他安排我住在那里。

*　　*　　*

在阿尔及尔和突尼斯的这八天是我在战争期间最美好的回忆。我致电艾登，要他过来与我会合，这样就能确保在安排吉罗与戴高乐会面一事及其他事务上，我们的意见能够保持一致。至于为什么特别需要艾登先生过来，我向内阁作了解释。

首相致副首相和自治领事务大臣：
……在我看来，艾登先生过来这里待上几日是很有必要的。在吉罗—戴高乐的婚礼上，他比我更适合担任伴郎。这场婚礼很容易演变成一出严肃的戏剧，而艾登先生能够察言观色，且与婚礼上的宾客都保持联系。乔治将军刚刚来拜访过我，他状态极佳，正与吉罗密切合作。
我打算一直停留在这里或附近一带，到下个月6日再离开。因为在华盛顿繁忙的公务处理完之后，我需要在这种阳

光灿烂的地方休息一下。对于现在面临的一些重要的军事问题，这边的观点是顺其自然。而我们英国人一致认为，只要稍具耐心，或许就能找到理想的解决方法，正如我们在华盛顿所做的那样。

1943 年 5 月 29 日

如果我们打算占领西西里，我决心在离开非洲之前做出进攻意大利的决定。我和布鲁克将军将我们的想法告诉了亚历山大将军、安德鲁·坎宁安海军上将和特德空军中将，之后又告诉了蒙哥马利将军。这些在近期作战中担任将领的人士都倾向于进行大规模作战，并将攻占意大利视为自阿拉曼战役以来，我们所取得的一系列胜利的必然结果。然而，我们必须获得我们伟大同盟的同意。艾森豪威尔将军非常谨慎。他倾听了我们所有的论点，我相信这些论点与他们的意图是一致的。但马歇尔将军直到最后一刻仍然保持沉默，实在令人捉摸不透。

我们开会时的形势对英国是有利的。与美国相比，我们的兵力是其三倍，战舰数量是其四倍，实际作战中的可用飞机数量也与美国相差无几。且不提早些年，就从阿拉曼战役算起，我们在地中海的人力损失便是美国的八倍，船舶损失是我们盟国的三倍。然而，尽管我们在军事力量上占有巨大优势，但我们仍然听从艾森豪威尔的最高指挥，并在整场战争中保留了美国的作战风格，从而确保美国领袖们对这些有力的事实给予最公正、最周到的考量。美国领袖们不喜欢在慷慨方面落后于人。在公平待人方面，没有人表现得比美国人更为自然。如果你对美国人好，他们总想对你更好。尽管如此，我认为在权衡利弊后，我们用来说服美国人的论点是无可辩驳的。

*   *   *

5 月 29 日下午五时，我们在艾森豪威尔将军于阿尔及尔的别墅召开了第一次会议。艾森豪威尔以东道主身份主持了本次会议，同他一起出席会议的还有两位重要人物：马歇尔和比德尔·史密斯。我同布鲁克、亚历山大、坎宁安、特德、伊斯梅及其他人员则坐在艾森豪威尔将军的对面。

第一个议题是"小鬼"作战计划。艾森豪威尔将军解释道，"小鬼"是攻占班泰雷利亚岛行动的代号。拟定攻占该岛的日期为 6 月 11 日。我们从地图上一眼就能看出，我方在军事方面占有明显优势。据我们判断，占领此处的飞机场对进攻西西里南部而言至关重要。由于"小鬼"行动是清除西西里海峡的必要步骤，因此，关于该计划将会妨碍突袭西西里岛的这一说法毫无根据。安德鲁·坎宁安海军上将说道，他目前的计划是用配备着六英寸大炮的巡洋舰支援空袭，但需要时他准备派一艘配备十四英寸大炮的战列舰参与支援。我说道："我们可以将这一军事行动当作一次非常有用的实验，以此验证空袭能将海岸防御工事摧毁至何种程度。英国有一派人认为，空军足以摧毁海岸防御工事，从而实现无抵抗登陆。"布鲁克说道，空袭结束与进攻部队抵达之间有一个时间差，而敌军有机会在这段时间内重整旗鼓，这对我们来说是一大困难。海军上将说道，八艘驱逐舰随登陆艇一同前进，并在近距离掩护我军登陆。我还保证道，进攻部队中会有十九辆"谢尔曼"式坦克。我们认为，意大利大约有一万兵力，其中包括海岸防御部队，另外还有大约一百辆坦克。

在我的请求下，艾森豪威尔将军简要地说明了进攻西西里的计划。用于进攻西西里的所有资源似乎都会准时抵达，而且数量充足。之后，我们便开始讨论重大问题。艾森豪威尔将军告诉我们，他此前同艾伦·布鲁克爵士进行过长谈，布鲁克强调苏联陆军是唯一一支能（在 1943 年）取得决定性战果的地面部队。因此，我们的军队应努力迫使德国从苏联前线撤出兵力，使苏军彻底打败德军。艾森豪威尔将军在谈及 1944 年的部署时说道，他个人认为，如果我们取得了制空权，那么一支譬如由五十个师组成的英美军队就可以在欧洲大陆上牵制敌军七十五个师。如果我们打算击垮意大利，就应该在攻占西西里之后采取一切措施立刻对意大利发起进攻。我们在西西里遭遇的抵抗方式可

能会与我们在意大利本土遇到的一样。如果我们轻松攻下西西里，就应该直捣意大利。这可比进攻其他岛屿得到的战利品要大得多。

至于主要问题，我之后说道，我们确实无法在欧洲投入一支数量与苏军不相上下的英美军队，苏联大军现在在他们的战线上牵制住了二百一十八个德国师。但到 1944 年 5 月 1 日，我们应该能在英国集结一支拥有二十九个师的远征军，其中七个师来自非洲。英国必须成为这支我们所能集结的兵力最多的军队的集合地点。我们也有必要制订好计划，万一德国濒临崩溃，我军便能随时大举横渡英吉利海峡。马歇尔将军曾多次指出，法国北部是唯一能让大批英国本土空军和在英国的美国空军大显身手的战场。我强调说，英国民众与英国军队都迫不及待地想渡过海峡作战。

马歇尔将军说道，英美联合参谋长委员会已经决定了横渡海峡作战的具体日期，且决定在进攻阶段投入五个师作战。艾森豪威尔将军此前曾问道，他应该于何时递交关于将意大利逐出（地中海）战争的计划。美国参谋长联席会议认为，这要等我们了解进攻西西里的行动结果以及苏联的形势后才能做出决定。当前合理的方法是在不同的地方组建两支军队，且每支部队都有其参谋人员。一支军队为攻打撒丁岛和科西嘉岛而训练，另一支则是为向意大利本土发起进攻而训练。等形势明朗且能做出决定时，我们便将所需的空军和登陆艇等设备移交给负责执行计划的那支部队。艾森豪威尔立刻说道，如果能轻松攻下西西里，他非常乐意直捣意大利。亚历山大将军也赞同他的看法。

帝国总参谋长随即做了综述。他指出，苏德两军即将爆发一场激战，我们应竭尽全力支援苏联，并分散德国的兵力。德军已在多个据点深受威胁。巧妙的掩护计划再加上我们在北非的胜利已使德军分散了他们的兵力。攻占西西里是我们朝着正确方向前进的另一步骤。德军在苏联面临着战斗，在巴尔干可能会遇到麻烦，且在意大利、法国和挪威也有危险。因此，德国的兵力早已广泛分散，且不管是在苏联还是在法国，都不能再进一步削减其兵力。德国在意大利的兵力是最容易调动的。如果我们发现意大利脚形地区驻满德军，就应该在别的

地方进行尝试。如果我们将意大利逐出战争，那么德国就必须派其他兵力顶替在巴尔干的二十六个意大利师。同时，他们还将沿着里维埃拉增援勃伦纳山口，并且在西班牙和意大利的边境进行增援。而我们横渡海峡作战正好需要德国分散其兵力，我们必须竭尽全力，使德军力量更为分散。攻破法国海岸的防御工事并非难事，除非当地守军坚决防守，但德军还有机动部队能够发起反攻。

随后，艾森豪威尔宣称此次讨论已经简化了他的问题。如果能顺利攻下西西里，假设时间在一周之内，那么他将会立即渡过海峡并建立一个滩头阵地。意大利南部的海岸防御或许会比西西里的防御更容易攻破。

我也发表了个人看法，我认为西西里战役将会在8月15日结束。马歇尔将军则认为，我们应该往好处想，设想西西里战役在7月底就能结束。我说道，如果我们在8月占领了西西里，且军队损失不算严重，只要德国没有将过多的师调去意大利趾形地区，我们就应当立刻向该地发起进攻。由于土耳其的反应可能会对我们有利，因此，对德国而言，巴尔干失守比意大利失守更危险。

布鲁克提出，在西西里战役期间，意大利内部可能会瓦解。那样的话，我们应该制订行动计划。此外，他认为艾森豪威尔将军应该考虑一下停战条件以及我们应该深入意大利多远。此事进展十分迅速。我说道，从我方可支配的兵力来看，除英国陆军以外，北非还有九个美国师，其中包括一个空运师。11月1日左右，会有七个师从北非出发，其中既有英军也有美军。波斯还有两个半装备精良的波兰师，这些军队希望参加攻打意大利的一切行动。新西兰议会已同意在9月调来一个师，并在10月准备好一个装甲旅。这样一来，波兰和新西兰便能提供四个师。

帝国总参谋长当即便列出了我们在地中海的全部力量，包括：英军和受英国掌控的师共二十七个，九个美国师以及四个法国师。除去伤亡人员，我们在地中海地区共有三十六个师。减去调回国内用于横渡海峡作战的七个师，以及为履行英国对土耳其的承诺的两个师，盟

军在地中海地区的可用兵力还有二十七个师。我接着补充道，我们一个师的力量几乎相当于两个德国师，一个德国师的实力只不过比一个英国加强旅稍微强一些。我们手中握有如此强大的兵力，如果在 8 月或 9 月至来年 5 月期间没有取得任何成果，那实在太不像话了。

*　　　*　　　*

　　尽管还有许多问题悬而未决，但我对此次开放式讨论的成果非常满意。显然，将领们希望能勇往直前，而我自己也觉得，随着事情按我所希望的那样发展，那些因未知因素而留下来的问题将会逐步得到解决。现在，我准备了一份被我称作"背景备忘录"的文件，该文件旨在说明攻打意大利的整体情况，并附有可用于作战的兵力的表格。在我们再度会晤之前，也就是 5 月 31 日之前，我将这份文件交给了大家进行传阅。

　　我详细地说明了地中海战场的各师或兵力相当于师的部队。地中海战场共有九个美国师，三又三分之一个法国师，二十七又三分之二个英国师或受英国掌控的师。我们将从中调出七个师回英国执行"波莱罗"计划，这七个师里面包括三个英国师。在其余的二十四又三分之二个英国师中，目前仅有十一又三分之一的兵力仍由艾森豪威尔将军统率或专门用于西西里战斗。经布鲁克同意，我现在提出将另外的八又三分之二的英国师或是受英国掌控的师移交给艾森豪威尔将军，这样一来，英国共派出二十个师，而其他国家则共派出十二又三分之一个师。在此基础上，我继续说道：

　　　　……这支大军由最精良和经验最为丰富的师组成，而且还是陆军的主力军，英王陛下政府坚决认为绝不能让这支大军继续无所事事。英国决不容许这种做法，我们的盟国苏联也不会容许。我们的职责是尽可能与敌军进行持久激烈的战斗，并使敌军尽可能多地从我们的盟国苏联的前线撤出兵力。

通过这种方式和其他方法，我们将会为 1944 年展开的横渡海峡的远征创造最有利的条件。

3. 强迫或诱使意大利退出战争是我们在地中海地区发动战争的唯一目标，这场令人注目的战役已经打响，且我们现有的和已经集结在地中海地区的盟国兵力是足以发动这场战争的。为此，占领西西里是我们的首要任务，而进攻意大利本土并占领罗马则显然是我们的下一步行动。这样一来，我们才能为同盟国的事业和地中海与英吉利海峡战区战争的整体进展做出最大贡献。

4. 我们当前尚不能断定敌军对我方行动的抵抗力度。德国可能会竭尽全力保卫西西里和意大利。据我们所知，德国每周可以运送一个师前往西西里或是意大利南部。好在我们可以根据最新情报核实这些可能性，并且可以精确地说明：德国各师的实力，配备的大炮、坦克以及车辆的数量，在接下来的十二周内，他们最有可能从何处抽调兵力，以及这批兵力是由铁路运抵还是徒步行军抵达，抑或是乘船前来。目前敌军并没有这种性质或规模的调动迹象。如果敌军想在我们行动之前就在西西里驻扎六个师，那么他们必然早就做出了决定，并做好了准备，这样的话，他们的动向应该会很明显。此外，如果敌军要将这六个师的兵力调往西西里，那么他们在意大利南部的防御必然会出现空白。有人要求参谋人员就德军是否有完成上述调动的能力以及德军的动向再次进行透彻的研究。

5. 如果德军决定派遣六至十二个师前往西西里和意大利，那么我们定能部分完成迫使德军直接或间接从我们的盟国苏联撤出兵力的任务。如果他们不这样做，而是只派遣一到两个师前去支援意大利作战，那么我们在未来的三到四个月内还是能够完成上文第三段提及的任务的。另一方面，如果德国选择在西西里或意大利趾形地区，抑或是这两地大战

一场，那么我们将会投入所有的兵力进行作战，而且我们还会发起激烈的空战，从目前我们的相对实力来看，空战对我方极为有利。如果我们在意大利南部稳住阵脚后，意大利仍然继续战斗，而德国的援军虽然派得有些迟但却规模庞大，那么我们可能必须得向意大利趾尖地区撤退。这样一来，他们就不得不接连不断地对我方做好充足准备的据点发起攻击，从而付出惨重代价，而我们便能获得前文所述的迫使德军调动兵力和进行空战的种种益处。我们没有理由将这场战役视为一场灾难。只要我们同德军或意军展开激烈战斗，我们便发挥了我们的作用。

我随即便列出了我们所认为的意大利陆军的部署情况，野战部队共五十八个师，海防部队共十四个师。

6. 之后我们会看到，意大利本土只有十一个师，西西里约有四个师，里维埃拉一带驻扎了五个师，且有不少于二十八个师被牵制在南斯拉夫、阿尔巴尼亚和希腊。由于塞尔维亚的米海洛维奇派的游击队和克罗地亚的游击队的活动、希腊的普遍混乱，以及这些被奴役国家动荡的局势等种种原因，这二十八个师再加上八个罗马尼亚师和十一个德国师，共计四十七个师被牵制在巴尔干半岛。

7. 如果意大利被迫退出战争，我们会获得如下实际利益。德国将被迫抽出军队占据里维埃拉，维持波河或勃伦纳山口的新战线，尤其是要填补因意大利各师的遣散和撤退而导致巴尔干各地出现的防守空缺。到目前为止，我们的游击队只能通过不足十二架飞机用降落伞空投的小件包裹获得给养。然而，他们却实现了成功牵制四十七个敌军师的壮举。我们只需占领意大利南部各地，甚至只需占领整个趾形地区或整个踵形地区，就能进入亚得里亚海，这样一来，我们便

能利用船只将军火运载到亚得里亚海沿岸各港口，还能运送间谍和小型突击队。我们不应派遣其他军队在那里作战，不管是在今年还是在我们现在所预计的时期内，英王陛下政府都不想也不打算为巴尔干战场提供任何有组织的武装部队。然而，在计划允许的范围内，援助南斯拉夫的爱国团体与鼓励希腊和阿尔巴尼亚反抗德军都是极为重要的举措；这些措施再加上我们主要的军事行动，将会对土耳其方面的行动产生影响。这样一来，我们便能尽最大力量援助苏联，并协助实施"波莱罗"计划。只有在局势发展确实对我们不利时，我们才会为了地中海行动考虑一些次要或小规模的替代方案。

8. 当然，我们对德军在地中海地区行动的一切预想都具有很大的不确定性。然而，德国最高统帅部肯定对二十五万以上的士兵全部覆没一事留下了痛苦的记忆，我们应该加以重视。鉴于此事，我们仍会怀疑他们是否会在西西里再次上演同样的惨剧，尽管规模会更小。我方形势已大为改善，原因如下：第一，由于近期胜仗颇多，盟军军队士气高涨；第二，仅有几百敌军从突尼斯逃到了西西里；第三，我方的胜利对西班牙和葡萄牙、法国本土、意大利和土耳其等各国人民，事实上对整个战区的人民的心理产生了影响。而德国形势则相对恶化。苏联前线即将爆发的一系列大战定会牵制住德军主力。就算德军不攻打苏军，苏军也定会攻打德军，苏军甚至可能会先发制人。我们无法预测这些战役的结果，但是我们没有理由认为，今年的形势对苏联而言比去年这个时候更为不利。因此，我们绝不能认为德军企图在西西里大战一场，或是他们会派大军前往意大利的腿形地区。对德军而言，聪明的做法是在战斗时拖延时间，从而激励这些地区的意军并让他们退到波河线上，保存实力以守住里维埃拉和可用作供应基地的巴尔干。如果苏联的战事发展对他们不利，而我们对意大利或在意大利的军事行动又取得了胜利，那么

德军可能会被迫撤至阿尔卑斯山和多瑙河，也会从苏联前线进一步后撤，可能还会从挪威撤离。如果我们积极地利用可支配的兵力，这些成果都可能在本年度取得。我们今年不会在欧洲展开其他重要的军事行动。

＊　　　＊　　　＊

5月31日，我们再次在艾森豪威尔的别墅召开了会议。艾登先生也及时抵达，出席了会议。我力图抓住重点，在看过我让大家传阅的文件之后，我说我一心记挂进攻意大利南部一事，但战争的发展可能会让我们走上不同的道路。无论如何，进攻意大利南部还是撒丁岛关乎这是一场光荣的战役还是一场投机取巧的战役。马歇尔将军一点也不反对这些观点，但他并不想当下就做出明确的决定。他说最好在进攻西西里之后，再做下一步决定。他认为，为确定我军是否会在意大利南部遭到抵抗，我们有必要了解德国的一些反应，例如：德军是否会退至波河；他们是否会有计划地组织和利用意军；他们已在撒丁岛、科西嘉岛和巴尔干做何准备；他们将会在苏联前线做何调整等。这一切都将成为我们决定"后哈斯基"计划的影响因素。我们有两三种不同的方案使意大利垮台，且从现在到7月之间可能会发生许多事情。马歇尔将军、艾森豪威尔将军和联合参谋长委员会完全理解我关于进攻意大利的心情，而他们唯一的愿望便是选择实施"后哈斯基"这一备选计划，因为这将能获得最好的结果。

我说道，上次会议记录的结论并没有完全表达我的心情。我强烈希望意大利退出战争并占领罗马，需要时我愿意从中东其他地区另外抽调八个英国师。关于这些援军和运载援军的船只，我们已进行过多次讨论。我说道，要求英国人民再次削减他们的口粮绝非易事，但我宁愿这样做，也不愿放弃有可能取得巨大成功的战役。大军明明可以将意大利逐出战争，但却无所事事，我实在无法接受这种局面。如果陆军不积极作战，议会和民众都会对其失去耐心，因此，我愿采取一

切办法阻止这种不幸的发生。

马歇尔将军回复道，他并不是要反驳已经在华盛顿决定下来的特殊任务——攻占意大利。他只是想强调，在征服西西里之后，我们必须谨慎决定我们接下来要采取的行动。

*　　*　　*

此时又发生了另外一件事，由于此事与战后成为误解与争论的事宜有关，因此，我必须对其进行说明。艾登先生应我的请求对土耳其的形势发表了看法，并说道，将意大利逐出战争会进一步促使土耳其参战。我们的军队抵达巴尔干地区时，土耳其人的态度会变得更为友好。我和艾登完全赞同这一战争策略，但我担心他的措辞会让我们的美国朋友产生误会。记录中写道："首相插话，强调指出他不主张现在或近期派兵前往巴尔干地区。"艾登先生对此表示赞同，他认为没有必要派遣一支部队进入巴尔干，因为一旦我们能对巴尔干地区构成直接威胁，土耳其人就会向我们示好。

散会前，我请亚历山大将军发表了他的看法。他的发言给人留下了极为深刻的印象。他说他对此次行动持乐观态度。尽管我们可能要与敌军苦战十四天，但我方军队的战斗力都非常出色，因此，我方获胜的概率很大。我们一旦加入了战斗，通常就要苦战十至十四天，有时甚至会持续三周，然后就会很快结束。西西里最重要的据点就是那些在其东南角的机场和港口。一旦我们牢牢地掌握了这些据点，就可以暂时不用管该岛的其他地方。墨西拿海峡是西西里的咽喉，我们是有可能穿过墨西拿海峡并在其对岸占领一个据点的。5 月 29 日，亚历山大在会上重申了他的观点，他认为应该将在意大利本土巩固一个滩头阵地视为计划的一部分。除非我们乘胜前进，最好是深入意大利，否则我们无法取得伟大的胜利。然而，随着西西里军事行动的进展，一切都将明了。意大利趾形地区的防守可能会很坚固，以至于需要我们重新部署行动，尽管此事看似不可能，但并非毫无可能。我们也应

该做好准备，一旦对西西里发起进攻，就马不停蹄地继续前进。由于无线电能控制距离遥远的军队，而空军的掩护和供应也能覆盖广阔的区域，因此，我们在现代化战争中能迅速前进。我们进入意大利本土时，行军可能会更为困难，但这并不能说明，我们不能趁着"哈斯基"的良好势头前进。他声称，他所谈到的可能性里面，没有一种能作为准确的预测。在战争中，不可思议的事情经常发生。几个月前，他无法相信发生在隆美尔及其非洲军团身上的事情。在后来的几个星期里，对于我们竟然能在一周之内瓦解三十万德军一事，他觉得这令人难以置信。我们将敌人空军消灭得如此彻底，以至于只要我们愿意，我方在北非的所有军队就能完全不受敌机威胁，在突尼斯的原野上举行阅兵仪式。

亚历山大将军的看法立刻得到坎宁安海军上将的支持。坎安宁海军上将说道，如果"哈斯基"计划进展顺利，我们应该直接渡过海峡。在会议结束时，艾森豪威尔就此次旅行向我和马歇尔将军表达了感激之情，感谢我们二人愿意前来此处，向他阐明联合参谋长委员会所做的工作。艾森豪威尔知道，他的责任是搜集关于进攻西西里计划初始阶段的情报，并及时将这些情报送交联合参谋长委员会，以便他们采取下一步计划，中途不能出现任何耽搁。他不仅要提供情报，还要根据当时的情况给出建议。尽管艾森豪威尔完全同意他的三位高级指挥官（亚历山大、坎宁安和特德）迄今为止所说的一切，但他还是希望他们能有机会对这些事情发表更为正式的意见。

*　　*　　*

在接下来的两天，我们乘飞机和汽车参观了一些名胜古迹，这些地方都因一个月以前的战役而留名史册。马歇尔将军独自对美国部队进行了短暂巡视，之后便与我和亚历山大将军一同访问，会见了所有的指挥官，并视察了部队。军中景象令人振奋，到处充满了胜利的喜悦。我军扫除了整个北非的敌军，并将二十五万战俘关押在监牢里。

大家脸上都洋溢着自豪与喜悦。显然，人们对此次胜利感到非常高兴。我在迦太基一个巨大的竞技场的废墟上，向数千名士兵演讲。当然，当时的时间和环境非常适合演讲。我已经不记得我演讲的内容，但所有的听众都在鼓掌欢呼，就像两千年前他们的祖先看竞技者搏斗一样。

＊　　＊　　＊

6 月 3 日，我们召开了最后一次会议，主要讨论的是关于轰炸罗马的火车货运集结场的问题。大家一致认为这些集结场是重要的军事目标，且必须攻下。我们完全有理由对其进行轰炸，只是要在白天行动，且注意不要对其他地方造成破坏。我和马歇尔将军负责让各自的政府授权批准这一行动。

蒙哥马利将军也参加了此次会议，他已被派去执行进攻西西里的计划，因此，我请他在会上谈谈他对该计划的想法。蒙哥马利将军说道，他手下所有指挥官都对当前的计划充满了信心，等他们完成登陆时，更是会热情高涨。虽然在后勤方面会有一点危险，但他已仔细研究过这些危险，并认为它们已经得到合理解决。他指出，尽管他拥有两个空降师，但他所拥有的飞机数量仅够运送一个师。在初始阶段，他仅能使用三分之一左右的空运兵力量，剩余的要在第二天或第三天才能加入。如果他能再拥有一百四十架飞机，那么在初始阶段就能利用另一个空降旅。不过，他也理解现在并没有可用的飞机，且大家都接受了这一限制条件。他手下的军官对整件事情完全持乐观态度。至于"后哈斯基"作战计划，蒙哥马利将军认为，重要的是决定我们的前进方向，并运用我们的军事力量使战争朝该方向发展。

我认为我们在讨论中取得了重大进展，且大家都希望对意大利发起进攻。因此，在总结的时候，我以极为温和的口吻陈述了此次会议的结论，并向艾森豪威尔将军致敬。我说道，我会将这份包含着信任与友谊的感情带回国内，因为它象征着我们在这一战场上的行动。在出访期间，我从未对任何合作与制衡留下过如此深刻的印象。这是开

展任务之前最好的预兆。此外，我还说道，在我离开之前，我必须重申我对艾森豪威尔将军的信任，并对他处理重大问题的方式表示敬佩。

艾森豪威尔将军回答道，受到的一切赞扬当属于在座的各位军官，同时，他还说道，虽然他的指挥部里可能会出现分歧和争论，但它们绝不是以国家的方针为出发点。马歇尔将军和布鲁克将军也一致表示同意，之后我们便在和谐的氛围中互相告别。

* * *

我与艾登一同经直布罗陀飞回国内。由于媒体对我出访北非一事进行了详细报道，所以德国人对此尤为警惕，而这也酿成了一场悲剧，令我感到十分痛苦。事情的经过是这样的：正当每日一班的商用飞机正要起飞时，一名矮胖的男子抽着雪茄登上了飞机，大家都以为他是该机上的一名乘客。但德国特工却据此发出信号，说我上了这架飞机。尽管这些中立国的民用客机定期往来于葡萄牙和英国，数月以来未曾受到干扰，但德国此次却立即派出一架战斗机，将这架毫无防御能力的客机无情地击落。十三名普通乘客在此次事故中丧生，其中包括英国著名电影演员莱斯利·霍华德，他的魅力与天赋将永远保存在其参演的多部优秀影片当中。德国人残酷无情的程度同其间谍的愚蠢程度简直不相上下。怎么会有人认为掌握英国全部资源的我竟会订一架毫无武装和护卫的飞机的机票，在大白天从里斯本飞回英国呢？这着实令人费解。我们当然会在晚上从直布罗陀起飞，在大洋上空绕一个大圈最后平安抵达英国。当我得知因命运之神不可思议的摆布，最后使他人替我承受这一切时，我感到十分震惊，也非常痛苦。

* * *

关于第二次世界大战中的转折点的叙述就此便告一段落。自日本偷袭珍珠港后，美国也加入了战争，从而确保了自由事业不会被人抛弃。但从生存走向胜利这一过程要经历诸多阶段。我们未来还要面临两年左右的激战。然而，我们今后面临的危险不是毁灭，而是僵持。在伟大的美利坚合众国全力投入战斗之前，美国必须完成陆军建设，同时还必须实现其庞大的造船计划。但下一阶段的胜利近在眼前，意大利的垮台或者说是解放也为期不远。而希特勒却要为其进攻苏联这一致命错误付出代价。他不得不耗费大批剩余德军，使其在许多与主要战局无重大关系的战场上作战。德国很快就会被其他欧洲国家孤立，并被世界其他民族愤怒的武装力量重重包围。日本领导人早已意识到他们的进攻已经过了巅峰时期。与此同时，英美两国不久之后将会掌握制海权和制空权。战争形势已经扭转。

附录（1）

首相以个人名义发出的备忘录与电报

1943 年 4 月

首相致财政大臣：

1. 一千五百万英镑是一个非常小的数字。我本以为可能会有一亿英镑左右。

2. 得知发给军人的储备金仅有十一镑七先令六便士，同发给军火工人的一样，而且是在这一低比率上进行积累，我为之震惊。我曾亲自向三军士兵保证过，他们必定会通过一种形式或其他形式获得总额等同于付所得税的军火工人的平均储备金额。我不知道的是，我曾数度在公开场合提及的你的承诺会被削减到如此微不足道的金额，对于该数字，我实在难以赞同。

1943 年 4 月 1 日

首相致飞机生产大臣：

感谢你将 3 月份飞机生产的预期数量送来给我。你们的生产超出了计划，我对此表示诚挚的祝贺。重型飞机产量的增加特别令人满意。

1943 年 4 月 1 日

首相致伊斯梅将军，转参谋长委员会：

1. 第一，假设"火神"（夺取突尼斯）作战计划在4月底结束，或延迟到5月15日结束，且没有大批有组织的德军或意军逃脱；第二，假定"哈斯基"作战计划将于7月10日执行；第三，假定意军数量最多不超过五个师，总计战斗人员不超过五万人，而德军最多不超过两个师，总计战斗人员两万人，那么在"哈斯基"作战计划地区敌军共有七万战斗人员，而且，我们派七个师或八个师的英美军队登陆上岸，每个师的人数是一万五千人，共计十万五千人，另派三万英军作增援部队，合计总数达到十三万五千人；第四，假如我们赢得了登陆战的胜利，那么在"哈斯基"作战计划地区，我军征服敌军武装部队估计要多久？

2. 在这样一种作战行动中，一切都要依靠初始战斗阶段——譬如说一周——在此之后，人们可以合理地期待大部分敌人将被消灭、俘获或驱入山中。该地区方圆不大，而且资源稀少，一旦我们占领港口和机场，我们定能有效率地拿下"哈斯基"作战计划地区，并能利用空军和空军掩护下的海军粉碎敌军夺回该地的一切企图。

3. 迄今为止，我们认为攻克"哈斯基"作战计划地区本身就是目的；但是，没有人会满足于将这样一个不大，甚至说是微型的作战计划作为我军1943年作战的目标。"哈斯基"作战计划地区仅仅是块垫脚石，我们现在必须开始研究如何利用这一局部地区的胜利。关于此事，我们已经做了什么？我们应探索所有合理的方法。尽管由于船舶运输不足，"安纳吉姆"计划已经撤销，但地中海地区军事行动的重要性就更为突出了。如果我们将7月底定为我们占领"哈斯基"作战计划地区的日期，实施其他作战行动的可能性如何？当然，我们的选择取决于敌人如何行动。如果大量德军开赴意大利，那么意大利的士气和斗志便会上升，攻占罗马和那不勒斯所需军队的规模可能会超出我们的能力所及。即便如此，我们必须事先准备好在东地中海方面的计划，极力将土耳其拉到我们这边。我们必须做好攻击多德卡尼斯群岛的准备，而且我们也要做好准备，一旦土耳其有难便前去支援。

4. 但如果德国人没有来，意大利又投降了，我们便可以在意大利的领土上自由驰骋。意大利可能会被迫退出战争。所以无须作战，我们便可以拥有撒丁岛。科西嘉也可能获得解放。所有我们可以利用的兵力，包括在非洲未纳入"哈斯基"作战计划的各师在内，势必会向北开赴意大利，直到他们在勃伦纳或法属里维埃拉与德军交战为止。对这些可能采取的军事行动的研究已经进行到什么地步？

5. 如果意大利仍能依靠一定数量的德军支援在战争中苟延残喘，我们应该一占领"哈斯基"作战计划地区，就设法在意大利的趾形和踵形地区各占领一个据点。占领塔兰托湾以及控制趾形地区的地峡会给我们带来极大好处。意大利舰队到时候势必要决定在意大利的哪一边躲避。我们无法断定由于"哈斯基"作战计划，意大利舰队的地位或情况将会如何。如果在我们支配"哈斯基"作战计划地区之前，意大利舰队还未退到亚得里亚海，由于我们的空军在该处驻扎，它之后便无法退入亚得里亚海了，而只能差强人意地退居斯佩西亚和热那亚。无论如何，我们应将在达尔马提亚海岸取得一个立足点作为重要目标，如此一来，我们便可通过提供武器、供应，甚至突击队来鼓动阿尔巴尼亚和南斯拉夫的起义者。我相信，尽管米海洛维奇天性狡猾，但在我们能够给予有效援助的情况下，他必然会全力以赴反抗意大利人。显然，在这一战场，存在无限可能。

6. 这一文件的目的是要求大家紧急研究这些问题，并从参谋长处获取他们的意见。我希望，这一工作能以最快速度推进，因为仅占领"哈斯基"作战计划地区，将是1943年的战役中微不足道且不值一提的结果。

1943 年 4 月 2 日

首相致伊斯梅将军，转参谋长委员会：

阻止大批敌军从突尼斯的北部经由海路逃跑，现已成为一个极其重要的问题。无疑，此事已引起北非最高统帅部各个部门的注意。但是这还不够。因为他们每天都要为战事而忙碌，他们很可能会将这一

重大问题置于次要地位。我们对敌人所有可能逃脱的机会，以及我们可能采取的所有挫败敌人的办法应进行专门研究。此事应在下周初准备好，参谋长委员会应当考虑，是否应该将我们的结论递交给艾森豪威尔将军，以及应该以何种方式递交给他。我以为，最好经由联合参谋长委员会作一份正式公文送去。但我还在等联合参谋长委员会的意见。

1943 年 4 月 2 日

首相致陆军大臣：

1. 由于战争时间延长，以及入侵危机逐渐消失，国民自卫军越来越感到不安。我们是否充分发挥了他们的作用？是否应该举办国民自卫军周或国民自卫军日？他们是否应该以某种方式接受公众的表扬，让他们感受到全国人民对他们这些忠诚奉献的人的感激之情。他们是我们防御海上入侵和抵御敌军空降部队从天而降的中坚力量。我将这件事交由你负责。

2. 另一种鼓励他们的实际方式是为他们提供的子弹用作练习。他们对演习有极大兴趣，并将演习视作衡量他们的能力的有效措施。子弹短缺的时期已经过去了。请告诉我，零点三英寸步枪弹药的储备情况如何？由于美国供应量巨大，现在应当储备极多。实际上，因为形势大为缓和，我已有数月未曾看过子弹统计表了。我等你提出如加倍发放练习子弹等有关建议。

3. 我希望你能想出其他方法来帮助国民自卫军。在这个人生阶段，他们需要培养和鼓励。

1943 年 4 月 4 日

首相致亚历山大·卡多根爵士：

1. 我们无法完全阻止关于第二战场的讨论，总的来说，这种讨论并没有害处。相反，如果将德军牵制于西方，这既可以减轻苏联压力，又可以为"哈斯基"作战计划打掩护。

2. 我们应通过现有的一切途径告诉欧洲人民，在我们未向他们下达指示前，不要轻举妄动，但他们可以秘密进行准备工作。

1943 年 4 月 4 日

首相致财政大臣：

　　内阁必须就军人储备金问题再度进行讨论。与此同时，能否请你告诉我，截止到 1942—1943 财年末，工薪阶层纳税人积累储备金的平均值是多少。

1943 年 4 月 6 日

首相致帝国总参谋长：

　　请告诉我轴心国在突尼斯一百四十一个营的兵力的详细情况。例如，有多少个营分配给了"半人马"师？轴心国的兵力为二十二万五千人，营的数量本应与我们的基本一致，但我们营的数量几乎是他们的三倍，这么看来的确有些古怪。

1943 年 4 月 6 日

首相致枢密院长、城乡计划大臣、国务大臣、财政大臣以及其他与城乡计划法案的准备有关者：

　　今日晨间的讨论让我笃定，如今城乡计划部必须拥有法定权力，才能强制那些顽抗不从、从中作梗或者无能的各郡当局，为了更大的利益去做任何必要工作。请草拟赋予他们这种权力的条文，并让准备该法案的大臣对其加以审查。倘若有不同意见，届时可于周五在战时内阁再度提及此事。

1943 年 4 月 6 日

首相致伊斯梅将军，转参谋长委员会：

　　（缅甸的）战役每况愈下；在战役上和策略上，我们完全输给了日本人。幸好，因小规模的军事行动和其他事件引人注目，所以公共舆论并没有注意到这一可悲的局面。然而，我们不能指望一直维持

现状。

　　韦维尔将军将于何时回国？

1943 年 4 月 8 日

首相致外交大臣：

　　我认为你应当与麦斯基见一面并告诉他，如果塔斯社①要将这种有害信息从伦敦传播到阿尔及尔，我们将不得不要求他们的记者离开这些国家。新闻大臣告诉我，我们有权随时关闭所有媒体机构。正当我们全力以赴之时，苏联人竟然以这样的方式出了差错，这是我们无法容忍的。戈培尔简直坏透了。你是否赞成我于今日在前往乡村之前接见麦斯基？

1943 年 4 月 9 日

首相致陆军大臣：

　　我愿同一个标准的步兵营共度一个上午或是下午，以便精确确定该营每一位人员的工作情况。在适当的距离内选择一个营交给我，以便我核查他们的编制。我想知道在机关枪、迫击炮、反坦克、通讯、炊事、文书等方面工作的到底有多少人。

　　绝对不要事先通知他们，也不要在准备过程中作任何变动。我猜测有效兵力是七百七十人。

　　我可以在下周抽一个下午完成此事。如果你能与我同去，我会十分高兴。

1943 年 4 月 9 日

首相致空军大臣和空军参谋长：

　　1. 杰弗里·劳埃德先生给我的这些照片②令人印象深刻。我想，

---

　　① 塔斯社是苏联国家通讯社，国际性通讯社之一。——译者注
　　② 照片显示的是点燃消雾器前后的效果。

如果在我国各地安装半打这一设备会非常不错，如此一来，若是我们的轰炸机返航时突遇雾气，便可避免灾难发生。而且在晴雨不定的夜晚，这种设备能让行动更为自由。能否询问一下轰炸机司令部司令的意见，并告诉我他的想法。

2. 你们在红外线辅助降落方法的研究上进展如何？

1943 年 4 月 10 日

首相致陆军大臣：

1. 子弹情况让我非常欣喜，但我觉得其余的事情还不够好。考虑到我们可能会在不久之后派出许多精锐师，国民自卫军将担当重任，而且现在是给予他们鼓励并对其进行宣传的时候。我们要尽一切努力让他们感受到他们任务的重要性，而且他们的工作受人重视。各地应举行武装阅兵仪式，并且由每个区的领导人亲临视察。应当将军乐队借给他们。

我觉得奇怪的是，你并没有愉快地投身到这项运动当中，尽管这项运动将会显示出你管理陆军部的作风和应变才能。

我从未用过"声势浩大"这个词来形容海德公园的阅兵，而且也没有必要使用像这样带有贬义的词汇。

2. 你应该咨询一下新闻大臣，以便安排对国民自卫军周或国民自卫军日进行广泛宣传。我定会送上贺词，如果需要，我甚至可以在广播里说几句话。

3. 我强烈希望我们的国民自卫军的实力给敌人留下深刻印象。毫无疑问，检阅照片会将该信息传给他们，这会对空降部队的空降或海上袭击起到威慑作用。

4. 我随信附上了我收到的一些信件。这些信件是应我要求送来的，我对此负全责。因此，不要对信中相关的人或是提及的人采取措施。我们怎么会从国民自卫军那里拿走步枪？既然我们每月已可以制造出七万支枪，就没有借口夺去人家的武器。

5. 我打算在周一的内阁会议上提出关于国民自卫军的一般性问

题，而且我也已经指示爱德华·布里奇斯爵士将其列入了议程。

1943 年 4 月 10 日

首相致陆军大臣：

杰弗里斯肩炮

我得知自行火炮是"由帝国化学工业公司制造，其设计部分来源于杰弗里斯肩炮以及一种由中校布兰克尔所发明的类似武器"这一说法并不正确。诚然，动态化解反冲原理并非新生事物，但杰弗里斯准将却是应用该原理制成切实可用武器的第一人，该武器可以从肩部发射三磅重的炮弹轰击目标。此外，这一火器比先前所有火器的射程更远，而其设计全归功于杰弗里斯准将的努力。

1943 年 4 月 11 日

首相致伊斯梅将军，转参谋长委员会：

1. 我觉得没有理由不让教堂在周日照常鸣钟，以召集做礼拜的人前来教堂。我建议，为了今年复活节的庆祝活动，应允许鸣钟。

2. 由于我们在空军方面占据巨大优势，而且我们在国内有庞大的陆军和装备精良的国民自卫军，敌军入侵的可能性比 1940 年小得多。如果敌军入侵，不外乎两种形式：其一是派遣军队从海上入侵，如果规模较大，我们必会较早注意到；如果规模较小，必会遭到我们海岸防御部队的抵抗。其二便是派遣空降部队在内地降落。

在 1943 年或 1944 年的背景环境中，因敌军飞机供应十分紧张，空降部队入侵的规模不可能会很大。无论如何，敌军运输机定会被我们的无线电定位器发现，并会在夜晚或是白天受到我们的战斗机袭击。这种理所当然的事情可以证明，我们能够有效地威慑这种侵犯。因此，我们不认为这种危险很严重。

3. 我注意到参谋长委员会的报告，报告称今年没有敌军入侵；而我在向战时内阁说明情况的备忘录中讲道，我们不能完全排除小规模的袭击，不论是来自海上的还是来自空中的。

4. 如果发生小规模袭击，出事地点附近的人一旦发现敌军行踪，就会通知距离最近的国王陛下的武装部队，该部队用电话或经传令兵向上级报告情况后，将采取紧急措施与敌军交火。我们很难看出特定教区的教堂钟声是如何加快上述流程的。当担任各种职务的所有成员都去执行他们早已准备就绪并已获准的计划时，没有任何事物能够阻止当地人迅速获知形势。在我看来，宣布教堂的钟声不再作为有敌来犯的警戒方式之一，就会挫伤我们国民自卫军的士气或在正式部队中引起某种程度的懈怠，这种危险是不存在的。

1943 年 4 月 14 日

首相致伊斯梅将军：

前几日，我看到了一幅由杰弗里斯准将建议建造的带有登陆桥梁的船舶草图，这种船可以在峭壁低矮而防御力量单薄的地方让坦克上岸。这一建议似乎很吸引人，我希望后续跟进工作能积极进行。

1943 年 4 月 15 日

首相致陆军大臣、帝国总参谋长和参谋长委员会：

1. 实际上，由于我们的登陆艇都要被送往"哈斯基"作战计划地区，而且因为今年几乎没有任何美国军队抵达并在天气突变之前受训，因此我们必须意识到一个事实，即我们不可能在今年执行横渡海峡的计划。这就是支配我们行动的事实。

2. 但非常重要的是，我们不应将这一事实宣扬开来；为了将敌人牵制在法国海岸，并且不让我们的苏联同盟者感到沮丧，我们应继续强有力的伪装和掩饰行动。因此，"波莱罗"作战计划的准备工作不应停止。

3. 另一方面，我们不要为了那些不可能在 1943 年进行，也没有定下计划在 1944 年实行的行动而耗费金钱和精力。应当调整一下"波莱罗"计划的进展速度，而不应当直接停止。我们应为 1944 年的海外战役安顿不断在我国集结的美国军队。应制订周密计划以放

慢"波莱罗"计划的进度，以保证其能为 1944 年而非 1943 年的计划平稳推进。

4. 这一原则也适用于必须从中抽出一支远征部队的本土各部队的各分支部队。此事明显不像过去那般紧迫。但至少留一支部队在身边以备进行海外作战才是谨慎之举，而且此事应当在秋季前开始进行。我觉得这支部队可称为第二集团军，由六个师组成。这个集团军很有可能会开往地中海。另外，我们认为最好是同时实施各部队的独立计划，并且不要过早开始进行该项变动。

5. 不管发生什么，我们必须持续营造大批美国军队正在陆续到达的假象，而且必须避免与这种概念相矛盾的说法和举动。

1943 年 4 月 15 日

首相致新闻大臣：

于 1940 年初上映的德国旧片《火的洗礼》描绘了华沙的毁灭，其用意在于展现德国空军的强大威力以恫吓中立国家。在我看来，如果对这部电影大加删减且加上英语评论，可以成为很好的宣传材料。它将会展示德国人是何等残暴以及他们是如何准备用空中武器来征服其他国家的。

请考虑该片是否可以重新利用，并加上一些德国当前行径的实例。片名叫《苦难的一幕》会很好。

1943 年 4 月 16 日

首相致陆军大臣和帝国总参谋长：

1. 我不满意弗赖伯格将军所任的职位。既然这位军官的功勋和经验如此卓越，就应该将他升为军长。有人评价"他是世界上最优秀的师长，但是他的能力仅限于此"，我对此并不赞同。一个能为他自己赢得这种地位的人有权尝试担任更高级别的指挥官，而且因为他的贡献，国家也有权让他尝试一番。

2. 在第十军加入新西兰军队时，前往哈马的侧翼行动中发生了什么事情？如果能告诉我此事，我会十分高兴。这一行动是否是由弗赖伯格指挥？还是由第十军军长代他指挥？总之，作为新西兰军的指挥官，弗赖伯格向新西兰政府写了一份报告，他在报告中提到许多其他部队听从他的指挥。由此看来，他是这次迂回行动的实际指挥者。倘若如此，他已在比师大得多的领域中证明了他的才干。鉴于那次迂回行动极为重要，我不禁怀疑为何他仍担任当前职位，因此，我会在我提交给下议院的报告中提及他的名字。

3. 想必你们也知道新西兰政府和国防部长琼斯先生所提的建议。姑且不谈弗赖伯格的职位，按常理他应获得升职却仍让他留任新西兰师长，这阻碍了该师内部全体的升迁。考虑到他们所做的工作，一定有些旅长能够升任师长。我愿向弗雷泽先生说明，如果新西兰师仍和我们在一起，我们希望能让弗赖伯格指挥第三十军。

1943 年 4 月 17 日

首相致陆军大臣：

感谢你执行了内阁关于国民自卫军庆祝活动的决定。你应当尽早打印出来并分发给内阁。

1943 年 4 月 17 日

首相致陆军大臣：

1. 请看看随信附上的由陆军时事处发放的海报以及贝文先生在上面所做的评语。这幅海报对英国战前情况的描绘是一种可耻的诋毁。尽管我们有种种缺点，但我国的情况正是欧洲和美国许多地方的典型。对这种言过其实并且歪曲事实的宣传，要陆军部负责此事是非常错误的做法。士兵们知道他们的祖国并非如此。作为国务大臣，你必须亲自关注这类政治事件。如果你能向我解释，我会很高兴，当然这些海报理应立即召回。

2. 一般来说，内阁或许有必要对陆军时事处加以调查。同时，请将该处的军官人数和雇用的其他人员以及他们的薪金和其他任何费用

的总数列表交给我。

1943 年 4 月 17 日

首相致劳工大臣：

你对于陆军时事处散发的海报所做的批评我完全同意，而且我也已让陆军大臣关注此事。

1943 年 4 月 17 日

首相致帝国总参谋长和雅各布准将：

西非师的装备

为一支有着两万两千人多人的师的野战炮兵仅配备十二门三点七英寸口径榴弹炮，这一决策似乎存在很大问题。如果决定该师只能拥有山炮和驮载炮，那么就应该足额的供给。将一个师作为一个战术单位进行部署是无法坚守一段防线的，除非他们配有炮兵，或有来自其他方面的炮兵支援。步兵没有炮就如同骑兵没有马一般，亦如同如今的坦克兵没有坦克一般。步兵和炮兵战术是交织在一起的，而且都是整个计划的一部分。当然，迫击炮或短射程炮强有力的发展，或许会成为一种替代品。

如果西非军队参加战斗，我强烈希望他们能为自己赢得声誉。

1943 年 4 月 17 日

首相致伊斯梅将军，转参谋长委员会：

1. 德国绝不可能在今年崩溃，我们也不必有所指望；由于我们手头既没有美国援兵也没有登陆艇，所以无法在 1943 年实行"痛击"作战计划。因此，摩根将军应担负以下责任：

（1）与战斗机司令部和联合作战部司令同心协力，为进行两栖作战的佯攻做准备，其目的在于引发空战，以便让本土空军部队在空军消耗战中发挥作用。

（2）作好精心掩护与伪装，以协助第（1）项方案，并通过让敌

军始终处在面临被入侵的戒备状态，将敌人牵制在西方。

（3）逐步完成"波莱罗"计划并在1944年完成"围歼"作战计划的长期研究工作。

（4）逐月做好安排，以备德国突然崩溃时采取行动。

2. 摩根将军所辖机构无须太大也无须太多。由于他的机构取代了位于诺福克大厅的各总司令特别计划参谋处，因此应大大减少参谋人员的数量。如能知晓参谋人员的精简程度如何，我会十分高兴。

3. 必须再度考虑"朱庇特"作战计划，该计划可能会在1944年1月或冬季最适宜的月份实施。在联合作战部司令患病期间，我要求每周都要收到有关"哈巴谷书"进展的报告，另外还有关于扫雷部队及其装备的后续报告。这方面进展如何？

4. 我们也不能排除德国有入侵西班牙半岛的可能性，因此，在假定西班牙和葡萄牙会抵抗德国人的基础上（现在基本上已经板上钉钉了），我们应当将英美在该处的干预计划提上日程。

5. 英国国内兵力的重新部署应当迎合上述目标，而非迎合"痛击"作战计划或"围歼"作战计划。我想听听你深思熟虑后的意见，随着今年本土陆军的重新部署，是否有必要推进到最高程度。我们决不能过度或过早打乱我们为防御入侵所做的安排。不管决定如何，对参谋人员的任命只可减少，不可增多。

6. 上述全部办法应纳入一个庞大的掩护和伪装计划中。如果正如我所顾虑的那般，"痛击"作战计划无论如何也不可能在本年度实行的消息已经传开，那也应暗示这是我们掩护计划的一部分，而且我们真正的准备工作正在进行当中。大规模的准备工作应在登船港口进行；应当聚集最大数量的驳船和进攻舰艇，并在7月和8月达到顶峰。第二集团军的准备工作应直接与"痛击"作战计划相关联。所有这一切将会为佯攻造势，以引发第一段（1）中所描述的空战。

7. 如果三军参谋长能将上面所提要点写进他们的建议报告，或许会更方便一些，这些报告应得到内阁批准。

1943年4月18日

首相致掌玺大臣和殖民地事务大臣：

请看看随信附上的韦茨曼博士（关于犹太人问题）的信件。我无法赞同1939年的白皮书是现任英王陛下政府"坚定不移政策"这一说法。关于这个问题，我一直认为这是张伯伦政府做出的背信弃义的事情，虽说就责任而言，我本人曾亲自参与其中。我们的态度是，在战争的危急关头，我们暂时延续了前任的政策，而且并未就此事做出新的声明。我的态度仍然是严格遵守我在下议院就白皮书辩论时所说的话。我确定当前战时内阁的大多数成员不会同意对白皮书做出任何肯定的保证，但其在废除前仍然有效。

1943年4月18日

首相致农业大臣和粮食大臣：

我知道你已停止少量糖的配给，这部分糖是蜜蜂所需要的，而在春季这几个月的配给对于它们全年的工作来说非常重要。

请告诉我，之前分配给蜜蜂的数量是多少。目前分配给专业养蜂者的糖仍有多少？饿死私人养的蜜蜂又能节省多少糖？

1943年4月19日

首相致爱德华·布里奇斯爵士，转一切有关人员：
教堂的鸣钟问题

正如我今天在议院答复质询时所说的那样，鸣钟召集人做礼拜并不意味着偶尔有的婚丧仪式也应当鸣钟。这类仪式的鸣钟或许会在几个月内实现，但是目前尚不可行。虽然鸣钟不再具有敌人入侵的意义，但这种观念已深深印在普通老百姓的脑海之中，因此在非正常时间突然鸣钟可能会引起恐慌。较为重要的措施中也包括了较为次要的办法，因此在我看来，现行办法可相应地做出修改。如有需要，可制定一条特殊规定。

1943年4月20日

首相致爱德华·布里奇斯爵士，并致雅各布准将转国防委员会（主管军需的）以及其他人员：

坦克供应的原则

第一部分

1. 实际上，我们无法控制 1943 年坦克总产量和运到的数量，而且我们应当批准计划好的数字。

2. 然而，对于一部分坦克而言，装上较厚的装甲似乎极为重要。在不惜将速度降低到八英里或六英里每小时甚至更低的基础上，至少要为两百辆"丘吉尔"式坦克装上最厚的装甲，四百辆更好。请将一份这种坦克具体的改装计划交给我，说明我们已经做了什么、速度上必须降低多少、将会有多少坦克被改装，以及什么时候能完工。至少有一百辆坦克的改装工作应作为紧急任务尽快进行。

3. 我很确定，如果人们发现我们仅拥有许多装了薄装甲的中型坦克，且其中没有一辆能够在 1943 年应对德国大炮的火力，更抵挡不住 1944 年的敌军火力，我们定会遭到批评。以厚装甲坦克的矛尖和攻城槌撕破敌人阵线，打开缺口让轻型坦克向前推进，这种想法有极大的军事意义。各集团军，如有可能的话，甚至是各军，在各个战场上都应有一定数量的这种坦克。疣猪同瞪羚一样，必须发挥作用。①

4. 不能对六十吨、七十吨或八十吨的重型坦克的试验进展置之不理。若它能解决特殊问题，定然就会有使用的机会。如果人们发现我们在需要启用这种坦克时落后于敌方，我们将会大受责难。请交给我一份关于"斯特恩"式坦克或任何其他型号坦克的报告。两栖坦克发生了什么情况？一旦滩头登陆获得成功，在条件良好的情况下，较大型的坦克定能在我们已制作好的浮舟或橡皮浮囊的协助下渡过海峡。

第二部分

5. 我没有信心支持广泛采用七十五毫米口径大炮一事，在做出任

---

① 作者此处运用的是隐喻。疣猪和瞪羚都是非洲的动物，疣猪笨重而有力量，这里指重型坦克；而瞪羚轻快，这里指轻型坦克。——译者注

何决定以前，必须针对这一问题再举行一次国防委员会会议。在我们看来，这种炮同安装在"谢尔曼"式坦克上的炮一样，是一种新式武器。我知道制造这种炮的准备工作已经启动。请写一份报告给我，说明准备工作进展如何。按拟定好的坦克装备标准，对弹药做了什么安排？在1943年和1944年，英国的生产总额能达到多少？我们是否要完全依靠来自美国的供应？他们正在使用七十六毫米口径的高速大炮来替代七十五毫米口径的中速大炮，此事是否属实？若是如此，他们是否会认为这种弹药即将过时？

6. 另一方面，九十五毫米口径的坦克榴弹炮已在此处生产。请准备好一篇篇幅为一页纸的详细报告，说明七十五毫米口径（"谢尔曼"式坦克）和九十五毫米口径（英国式的）坦克榴弹炮的特质和性能。还有，如果在本月底前做出决定，军需部应准备一份计划表，说明在1943年和1944年实际能交出的武器及其弹药的相应数字。请将这些表格准备好。

7. 中东陆军发来的报告对沙漠地区的战术行动很有兴趣，对一般行动也是如此。但他们应该谨记，他们还未曾见到能替代七十五毫米口径大炮的武器。他们只是在最近才得到一些六磅重炮弹用的烈性炸药。他们从未见过九十五毫米口径的坦克榴弹炮。我们必须确保从各个方面对这一问题进行研究，否则，我们将发现自己因使用过时武器而行动迟缓，从而遭受极大诟病。

1943 年 4 月 23 日

首相致第一海务大臣：

我们驶往太平洋美国舰队驻地的航空母舰发生了什么情况？我们有没有收到来自该舰的报告？

1943 年 4 月 23 日

首相致年金大臣：

在假期中丧生的士兵的遗孀应得的抚恤金问题

完全满足这一点需要多少经费？我个人认为我们应当帮助这些遗

孀渡过难关，除非证实士兵是死于不当行为。尽管军役条例中没有任何规定，但一定的假期是士兵生活的必须部分。

将普通遗孀的抚恤金纳入考虑范畴，这笔钱的数额微不足道，但个中差异实在令人愤慨，且带来很大危害。我知道这也让你徒增了许多担忧。

1943 年 4 月 23 日

首相致帝国总参谋长：

下次军长一职有空缺时请下令让弗赖伯格将军赴任。

我很高兴，也觉得这仅是一种公平的行为。

1943 年 4 月 24 日

首相致陆军大臣和公共工程大臣：

我听说，已经为自治领和美国的军队在牛津大学的贝利奥尔学院安排了每周一次的课程和周末课程；那里的大学氛围对这些来自海外的军队进一步了解英国的生活和历史非常有价值。我知道这一提议正处于岌岌可危的境地，因为陆军部提议接管贝利奥尔学院以便为高级军官开设课程。

我确信，贝利奥尔学院在前一项任务中更具价值，我无法相信陆军部竟然找不出其他变通办法。请交给我一份有关替代办法的报告。

1943 年 4 月 25 日

1943 年 5 月

首相致空军参谋长：

上周我请麦斯基先生向我解释，苏联人为何还没有按照"天鹅绒"作战计划中的建议，接收我们二十个空军中队及其人员。他答复道，苏联人知道，按照英美标准，维持这些中队需要两万五千人，与得到的援助相比，这对他们的人力物力而言似乎太过沉重。甚至空军部现在交给我的数字以每中队一千人计，两万人中有一万一千七百五

十人是英国人。

　　请你向我详细解释一下，为何必须要为十四个空军中队配备一万一千七百五十名英国人员。是谁做的这次统计？又是谁核准的？是如何与其他方面的空军编制进行比较的？

1943 年 5 月 1 日

首相致爱德华·布里奇斯爵士和伊斯梅将军：

　　1. 现在又到了要加强安全措施的时候。请替我拟一份文件，供在政府所有部门中更为机密的范围内传阅，该文件需申述以下几点：

　　（1）经验表明，将机密文件放在重要官员办公桌上的"收文"或"发文"的文件盘内，以及放在大臣的私人秘书的办公室的这些习惯，存在机密泄露的危险。任何接收机密文件的人，都应在其办公桌上常备一个带弹簧锁的扁平盒子，并养成不用文件时随手锁上的习惯。

　　（2）应摒弃在衣袋中携带机密文件的习惯。应当更多地利用带弹簧锁的盒子。

　　（3）目前所有放机密文件的柜子应尽快配上弹簧锁。应当准备好进行这项工作的计划。

　　2. 你们应进一步削减阅读机密文件的人数，以作为上述工作的辅助措施。请交给我一份旨在削减百分之二十五阅读人员的计划。

　　3. 你们在回复我大概在三月前发出的一份备忘录时，做出了削减委员会数量的计划，这一计划进展如何？我们必须进行全面紧缩和精简。

1943 年 5 月 2 日

首相致海军大臣、第一海务大臣和伊斯梅将军：

　　1. 以马耳他和苏塞为基地的鱼雷艇的活动变得极为重要。我们难道不能增强它们的实力吗？马耳他那里有什么？亚历山大港那里有什么？是否有更多适合的船只可以派往马耳他、的黎波里或苏塞？我认为一切可由坎宁安决定，无须再与这边商量。请告诉我，他正在进行什么工作。

我愿意给鱼雷艇部队寄一封信，他们似乎正在进行一场极为冒险的战斗。

2. 现在的问题是，所有这些小型快速舰艇是否该有一个名字。我曾想给它们命名为"蚊式舰队"，但将它们称作"黄蜂舰队"岂不是更为庄重？或称它们为"鲨鱼舰队"，简称"鲨鱼"。

1943 年 5 月 2 日

首相致帝国总参谋长：

第一集团军的战斗伤亡人数

你应该注意到，最近百分之七十五的伤亡都是出自近卫步兵和步枪步兵方面，实际上后勤部队并没有遭受损失。

再以较长的时期论，将近百分之六十四的伤亡人数出自近卫步兵和步枪步兵。所有（其他）兵种加起来，仅有一千四百四十三名官兵伤亡。

如果你将这些数字与 4 月已派遣以及 5 月将要派遣的部队增援所占比重进行对照，二者之间非同寻常的差距十分明显。

谁负责派遣这些选拔出来的人？你曾向他下达过什么指示？

目前的情况是：作战部队并未得到实际有效的补充，尽管选拔出来的大量人员被派往了技术部队和后勤部队，本来这些部队的人员比例就过高，而且他们几乎没有遭遇过敌人的炮火。陆军部的首要责任就是要保持步枪步兵的实力。

1943 年 5 月 3 日

首相致飞机生产大臣：

获悉空军大臣未被邀请参加两周前你让我看的飞机表演，我颇感意外。此事我也只是间接听说的，因为他本人并未对此作任何评论。当然，他早已了解有关喷气机的一切情况。从体制上说，邀请空军参谋长观看这一类表演却没有邀请空军大臣并不恰当。空军参谋长当然会事先告诉空军大臣，因为他们是亲密无间、彼此信任地开展工作的。

如果邀请第一海务大臣参加，海军大臣也应当受到邀请。

1943 年 5 月 4 日

首相致生产大臣：

在考虑建筑劳动力的分配时，请谨记，最重要的是建成美国空军所需的机场。

1943 年 5 月 5 日

首相致伊斯梅将军：

帝国总参谋长是否已经同意陆军大臣的建议？若是如此，我打算给陆军大臣发一份电报，让他继续维持这种编制，旨在为步兵营增加七十二人，而非三十六人。

1943 年 5 月 11 日

首相（华盛顿）致伊斯梅将军，转参谋长委员会，并致莱瑟斯勋爵：

为启动横渡地中海的运输船队，现在正在进行什么准备工作？该船队何时会从英国起航？坎宁安海军上将要求在攻克比塞大两周后出发。因此，到 5 月底，该船队应经过直布罗陀。船队可以从英国起航的最早日期是哪一天？那些船只是否都已装载特殊货物？我之前曾答应过要给红十字会援苏基金会一千吨高级药品。所有飞机是否都已装箱并上船？要运送给土耳其的物品如何？我希望在今天发一封电报给英国，催促他们加快进行所有工作。这段时间对我们来说是意外之喜，我们一个小时都不能浪费。

1943 年 5 月 12 日

首相致伊斯梅将军，转参谋长委员会：

我准备作如下说明：

"（总统和首相可能）将发表公开声明，清楚地宣布，意大利人民作为历史上知名的民族，将会拥有自由而独立的生活。我们希望能见

到意大利摆脱法西斯暴君，在民主的制度下恢复其作为欧洲家庭成员之一的地位。在这几个月里，意大利拥有最后机会以避免更多磨难降临于它。"

陆军的宣传工作应围绕这一主题思想进行。

1943 年 5 月 21 日

附录（2）

新加坡的防务

——陆军中将亨利·波纳尔爵士的备忘录

1921 年，我们决定在新加坡建设一个海军基地，之后的一切防务安排就依靠该海军基地，抵御来自海、陆、空三方面的攻击。基地预备设在新加坡岛北岸，面朝海军停泊地柔佛海峡。

在当时以及未来的许多年里，有人认为该基地的安全最终要取决于英国舰队控制新加坡附近海域的能力。英国舰队一到该地，就会迎战附近的日本海军，并切断驻守在附近地区的日本陆军和空军的通讯。驻防在当地的地面部队和空军的职责就是拖住敌军，直到英国舰队抵达。我们最初估计这一时间即"援军到达前的这一阶段"是七十天，我们假定敌军会从日本本土出发，因为当时日本尚未开始向中国及其周边扩张。在我们的舰队抵达之前，日军可利用的时间相当短，因此日军的进攻方式可能是向新加坡发动突然袭击。据此，我们制定了相应的防御计划，而且需要的驻防军队也相对较少。

根据 20 世纪 20 年代的国际形势，我们没有必要在防务的现代化方面花费大量经费；直至 1933 年日本退出国联，我国内阁才决定采取积极措施。

截至目前，空军的发展对防务问题产生了极大影响。新加坡便暴露在航空母舰搭载的飞机和从海岸基地起飞的、航程日益延长的飞机的袭击之下。我们自己的飞机也能前往更远的地方进行侦察和袭击。

在1933年以前，新加坡岛上仅有一处皇家空军的机场。现在该处已建成两处新机场；此外，在其东海岸，新机场的建设工作也已开始，机场最后将伸展至暹罗边境。这是陆军承担的一项新任务。陆军不仅要保护这些机场为我方所用，而且要确保敌人不会利用这些机场来破坏我们的海军基地。从这一点看，机场的选址仅着眼于利于攻击作战，几乎没有考虑地面防御的问题，在衔接方面相关的部门负责人之间产生了摩擦。无论如何，如果无法确保实力强大的空军使用这些新机场，且在整个防务方面通力合作，那么修建新机场不仅是浪费，而且定会带来危险。

1937年，我们再次审视了总体形势，并基于两项主要假定，对防务要求做出了评估，这两项主要假定为：

1. 任何危及我方利益的威胁均来自海上。

2. 我方定能于三个月内派遣一支兵力充足的舰队前往远东，以保护自治领及印度，并掩护我们在印度洋上的交通线。

实际上，与我们1921年的观点相比，1937年的观点并没有什么变化。但是在1939年，"援军到达前"时间增加到了一百八十天，我们也允许以更大的规模储备兵力，而且可以从印度派遣一个步兵旅进行增援。

战争第一年的结果让局势彻底改观。首要的便是日军进军中国南方和海南岛、因法国崩溃引发的印中局势、飞机航程的增加，尤其是我们有必要在欧洲海域维系一支庞大的舰队，以对付德意舰队，因此，即便需要我们派遣大量的海军前往远东，我们也无法做到。

1940年8月，三军参谋长重新审视了形势。其主要结论如下：

1. 在打败德国和意大利之前，或在其海军力量急剧削弱之前，我们会一直面临着没有足够的舰队来保卫我们在远东的利益问题。我们的目标必须是将无法避免的损失减至最小；至少要保住一个立足点，以便我们在能够获得更为强大的兵力时，可以挽回我们的地位。

2. 仅将力量集中于新加坡岛的防务工作已经不够了；我们现在必须要做的是守住马来亚全境。这就涉及增加现有陆军和空军一事。

3. 由于缺少舰队，我们的政策应主要依靠空军力量。一段时期内，我们无法提供必要的空军；在此期间，我们需要大批额外的地面部队。

4. 我们的海军建设计划从来没有为我们单独与德、意、日三国交战做过考虑。为远东提供海军的希望在于及早在地中海地区打败意大利海军。

1940 年 8 月，马来亚的空军第一线飞机共有八十四架。三军参谋长认为远东需要三百三十六架第一线飞机（包括用于保护印度洋贸易的五十四架飞机）才能让英国皇家空军担负起身上的新责任，这还需当地司令官确认。

1940 年 10 月，我们曾于新加坡举行的会议上建议，所需飞机应由三百三十六架提升至五百八十二架。空军部认为该数字远远超出实际，不可能实现；三军参谋长虽然同意五百八十二架应为理想中的飞机数量，但也认为三百三十六架飞机应该能很大程度上保证安全。

1941 年 12 月 7 日，驻马来亚的英国皇家空军共有一百五十八架飞机（其中有二十四架是陈旧的"角马"式飞机）。准许用作第一线兵力的预备机为一百五十七架，但实际上，预备机共有八十八架。

1940 年 8 月，马来亚的陆军守备队共有十九个营和一个山炮旅，海岸防御、防空以及辅助部队并未列入。

三军参谋长进一步提出建议，即在英国皇家空军飞机的数量已经达到他们提议的数量（三百三十六架）时，最少应有六个旅（十八个营）的守备人员，并有辅助部队。1941 年 1 月，三军参谋长根据马来亚驻军总指挥官的建议，提出将守备人员的数量提升至二十六个营。但是他们认为，在空军足以履行其职责之前，守备人员的兵力应增加到相当于三个师的兵力；如此一来，守备兵力总数为九个营加二十七个营，等于三十六个营，此外还有辅助部队。

1941 年 8 月，珀西瓦尔将军提出一项新的提议，提议应将守备力量增加至四十八个营。三军参谋长接受了该提议，但认为该数量在可预见的未来无法达到。

　　1941 年 12 月 17 日，马来亚的陆军兵力（海岸防御和防空部队不在此列）为①：三十二个营、七个野战炮团、一个山炮团、两个反坦克炮团。

　　以上部队总计七万六千三百人（无坦克部队）。

　　虽然几乎已达到陆军部的目标（非珀西瓦尔将军的目标），但近期有些从印度前来的军队并未受过训练，战斗力薄弱。炮兵中有三个团在距作战开始不到一个月的时间才抵达，因此几乎没有机会接受特殊的丛林战训练。

---

　　①　不包括总数为十六个营的地方志愿部队和印度正规部队。

附录（3）

关于战后情况的保证首相提交内阁传阅的备忘录

1. 关于战后的情况，有一种危险的乐观情绪正在滋长。失业和低工资将消失，教育将会大幅改善且教育时间也会延长；住宅和保健事业将会获得巨大发展；农业至少会保持新的高水平。同时，生活消费不会增长。贝弗里奇的社会保险计划，或诸如此类的计划将会消除贫困。工薪阶层在战时存下的钱或用战时储蓄券积累的钱，都不会失去价值。

2. 我国的境外投资几乎已消失殆尽。在航运方面，美国即将成为英国的劲敌。我们在安排必需的出口贸易并从中获益方面，将会遇到诸多艰难险阻。同时，为了支援欧洲，我们必须实行长期的配给制度，且会发放我们现有储备的绝大部分。我们将会开发热带殖民地并提高当地居民的生活水平。显然，我们必须维持一支强大的空军和海军，以便不再遭受德国袭击，还需要强大兵力以在敌国驻防，确保他们不会再度武装起来进行报复。

3. 我们是否不应让我国四千五百万人民承担超出他们承受范围的任务，让他们承担超出他们能力范围的负担？这一问题隐约在我心头掠过。一方面，大臣们在叙述事情的阴暗面时不要让我们的人民灰心丧气；另一方面，我认为大臣们也应当谨言慎行，不要引发民众虚妄的希望，如上次讲话时说什么"英雄们的家园"等等。广大人民勇敢地面对生活的艰辛，但如果让他们感觉自己上当受骗，这很容易引起民愤。例如，如果我们将养老金提高到两镑，也相应地提高其他保险救济金，那么，由于货币购买力下降，他们发现两镑买的东西仅仅是过去十先令所能买到的；或者，他们的积蓄或战时储蓄券事实上只值他们用血汗积累的四分之一，他们定会心存不满，而这种不满与人类在为了生存而进行不可避免的斗争中所忍受的痛苦是完全不同的。因为我不愿用虚妄的希望和乌托邦或黄金国这样不切实际的幻想来欺骗民众，所以到目前为止，我都在极力抑制对未来做出承诺。

4. 我们必须竭尽全力，如果我们不受出自人性的希望和善意而做出的诸多保证和诺言的羁绊，我们就会做得更好，而这与严酷的现实没有丝毫关系。

1943 年 1 月 12 日